· 北京市冰雪运动与文化旅游产业融合发展研究丛书 ·
中国冰雪旅游研究中心

中国
冬奥旅游发展
战略与布局

Development Strategy and Spatial Distribution of
China's Winter Olympics Tourism

冯 凌　王金伟　刘 乙◎著

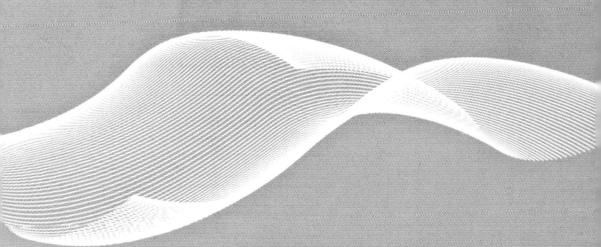

本书出版得到了北京社会科学基金重大项目"北京市冰雪
运动与文化旅游产业融合发展研究"（19ZDA11）的资助。

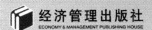

经济管理出版社
ECONOMY & MANAGEMENT PUBLISHING HOUSE

图书在版编目（CIP）数据

中国冬奥旅游发展战略与布局／冯凌，王金伟，刘乙著 . —北京：经济管理出版社，
2021. 7

ISBN 978-7-5096-8142-8

Ⅰ. ①中…　Ⅱ. ①冯…　②王…　③刘…　Ⅲ. ①冬季奥运会—旅游业发展—
研究—中国　Ⅳ. ①G811. 212　②F592. 3

中国版本图书馆 CIP 数据核字（2021）第 148070 号

组稿编辑：王光艳

责任编辑：李红贤　李光萌

责任印制：黄章平

责任校对：张晓燕

出版发行：经济管理出版社
　　　　　（北京市海淀区北蜂窝 8 号中雅大厦 A 座 11 层　100038）

网　　　址：www. E-mp. com. cn

电　　　话：（010）51915602

印　　　刷：唐山昊达印刷有限公司

经　　　销：新华书店

开　　　本：710mm×1000mm /16

印　　　张：11

字　　　数：148 千字

版　　　次：2022 年 2 月第 1 版　　2022 年 2 月第 1 次印刷

书　　　号：ISBN 978-7-5096-8142-8

定　　　价：68. 00 元

总　序

　　2022年北京冬季奥运会是继2008年夏季奥运会后，在我国举办的又一次全球性体育盛会，也是我国全面建成小康社会后，站在舞台中央向全世界展示的一次绝好机会。这届冬季奥运会不仅要保障各项专业赛事活动顺利举行，还要努力让国民大众都参与进来，形成浓厚的冰雪体育健身旅游氛围，向国际社会展示健康中国、魅力中国、崛起中国的大国形象。国际经验也证明，冬季奥运会将极大促进举办国的冰雪运动及旅游市场开发，主要表现在三个方面：一是将冰雪资源胜地推向国际视野，迅速提高体育旅游知名度；二是冬季奥运会带来的雄厚资金、先进科技、优质的服务理念为承办地的冰雪体育健身旅游综合服务能力建设提供了保障；三是营造冰雪运动氛围，推动冰雪运动的大众化进程。

　　习近平总书记指出，冰天雪地也是金山银山。为助力2022年北京冬季奥运会和实现"带动三亿人参与冰雪运动"的目标，近年来我国冰雪运动和冰雪旅游发展迅速。《中国冰雪旅游发展报告2020》显示，2018—2019年冰雪季中国冰雪旅游人数达到2.24亿人次，冰雪旅游收入约为3860亿元。其中，全国滑雪人次接近2000万，滑雪者人数超过1200万，冰雪运动已经成为冬季旅游的重要消费业态，也逐渐成为国民大众十分喜爱的运动方式。迅速拓展的市场需求带动了产业供给的扩张，据统计，2019年中国共有滑雪场770家，已投入运营的室内滑雪场有31家；杭州、南京、成都等南方城市纷纷落户冰雪综合体项目；融创集团在哈尔滨、广州、无锡、昆明、成都和重庆六大核心城市布局打造冰雪综合体；2018—2019 年我国冰雪旅游投资达 6100 亿元。

"京张"区域是华北地区冰雪运动的枢纽地和核心区，筹办 2022 年北京冬季奥运会为进一步推动区域冰雪经济发展建造了优良的设施基础，营造了浓郁的社会氛围，打造了坚实的市场空间，创造了难得的历史机遇。依托独特的冰雪资源和庞大的消费市场，近年来"京张"地区冰雪产业发展迅猛，据统计，截至 2020 年，北京全市建有滑雪场 24 家、滑冰场 30 余家、冰球俱乐部等 280 家，张家口崇礼已建成营业的大型滑雪场 7 家，在建和规划建设的有 20 多家，区域滑雪滑冰、观雪戏雪等冰雪运动和冰雪旅游产业已经初具规模。而且，为满足 2022 年冬季奥运会比赛项目要求，北京首钢园区、奥体中心、延庆小海坨和张家口崇礼等地新建和改扩建了一大批场馆和赛道设施，其中很大一部分在全国、亚洲甚至全球都具有领先水平，全面提升了地区冰雪设施的总体水平，并能够通过高端设施适度弥补区域冰雪自然条件的限制。

环京地区拥有丰厚的文化旅游资源，区域冰雪运动与文化旅游融合发展的潜力巨大，将成为全国的龙头品牌，不断增强对全国冰雪与旅游经济融合发展的带动能力。北京有着 3000 多年的建城史，800 多年的建都史，是中国古代都城最后的结晶，汇聚了源远流长的文化传统与光辉灿烂的文化遗产；京津冀区域文化旅游资源类型丰富，特色突出，高质量文化旅游资源数量众多，分布广泛。首都厚重的文化积淀与京津冀多元的文化旅游资源，均为区域冰雪运动和文化旅游融合发展提供了巨大的优势。特别是长城和区域富集的温泉资源与冰雪旅游发展具有极高的融合潜力。发挥 2022 年北京冬季奥运会品牌影响力，激发冬季奥运会的前三（年）后四（年）效应，推动冰雪运动与区域文化旅游融合发展，集聚冰雪赛事、冰雪运动、冰雪度假、冰雪文化体验、国际会议、节事会展、冰雪活动培训等业态，打造我国冰雪经济和文旅产业融合发展的龙头引擎，加快培育"东方阿尔卑斯"

国际冰雪赛事和冰雪旅游目的地品牌，促使冰雪"冷"资源变成消费"热"产业，有利于刺激和带动全国冰雪市场消费、培育形成新的经济增长点，有利于为 2022 年北京冬季奥运会充分预热、实现"带动三亿人参与冰雪运动"的战略目标。

北京第二外国语学院作为北京市属高校中唯一的一所外国语大学，在首都国际交往中心建设的进程中，肩负着天然的使命和责任。学校主动与北京"四个中心"建设对接，立足服务北京的战略目标和国际交往中心研究的特色视角，努力打造一支优秀的服务首都功能定位的学术队伍，整合与组建了首都国际交往中心研究院、首都对外文化传播研究院、中国文化和旅游产业研究院等 17 个科研机构，拥有文化和旅游部文化和旅游研究基地、北京旅游发展研究基地、北京对外文化传播研究基地、首都对外文化贸易研究基地等 7 个省部级科研基地，形成了较为完备的科研平台格局。学校加强高端特色智库建设，积极组织研究简报、蓝皮书、专项课题、咨政报告、高端论著等多种形式对接国家战略和首都发展需求，产出了丰硕的学术和咨政成果，多次获得中央及省部级领导肯定性批示，在北京形象建设、旅游产业政策、旅游大数据、"一带一路"投资与安全、服务贸易、文化贸易、对外文化传播、国际文化交流等研究领域逐渐形成北京第二外国语学院特色学术品牌。

2022 年冬季奥运会是以北京为主赛区举办的重大国际体育赛事和人文交往活动，北京第二外国语学院整合全校资源，近年来为冬季奥运会的筹办持续开展了一系列服务工作。我作为原国家体育总局局长、2022 年北京冬季奥运会和冬季残奥会组委会的成员以首都国际交往中心研究院名誉院长的身份牵头申报了 2019 年北京社科基金重大项目"北京市冰雪运动与文化旅游产业融合发展研究"，并组建了由校党委副书记朱光好教授、校旅游科学学院以及中国文化和旅游产业研究院学术骨干等组成的课题组。该课题以服务 2022 年北京冬季奥运会、推动北京冰雪运动与文化旅游融合发展为研究目标，在校科研处的全力支持下，开展了资源与资产现状及综合利用、市场需求与供给、相关产业融合机制与模式、发展定位、战略与空间布局、政策设计与实施保障等专题研究，向中央政治局、冬奥组委会、北京市提交了多份咨政报告，得到了高层领导和相关机构的高度重视。在学校相关院系和职能机构的通力合作下，历时近两年，高质量地完成了各项课题研究任务。

以 2022 年北京冬季奥运会为契机，推动北京市冰雪运动和文化旅游产业融合发展，这既是一项新事业，也是一个新课题，国内外相关研究成果相对稀少。我们希望这套丛书的出版，能够为本届冬季奥运会相关工作决策贡献绵薄之力，能够为后冬奥时期北京市冰雪运动和文旅产业融合发展提供一些有益借鉴。如果这些著作能够引起更多学者关注和思考这一重要的事业和课题，我们将感到无比欣慰。当然，丛书中尚有许多不尽如人意的地方，希望各位读者多提宝贵意见和建议，以便于我们不断修订、完善。

刘　鹏

2021 年 6 月 1 日

前　言

随着 2022 年冬季奥运会（以下简称冬奥会）筹办工作的有序推进，受国家政策和市场政策的双重驱动，新时期发展冰雪旅游上升到了国家战略层面，冰雪旅游发展进入上升阶段。冰雪旅游的发展对于2022 年北京—张家口冬奥会的成功举办有着非常重要的意义，有利于促进冰雪产业提质升级，用好冰天雪地资源以带动国内国际冰雪经济双循环。冰雪旅游发展也事关"带动三亿人参与冰雪运动"目标的实现，是助推全民冰雪运动的关键。

正是基于此，本书立足于冬季奥运会旅游（以下简称冬奥旅游）发展形势，较为系统地对冬奥旅游的发展战略和布局进行了研究。本书共分为七章。第一章为绪论，分析了冬奥旅游的研究背景，阐述了冬奥旅游研究的重要战略意义和现实意义，并综述了冰雪旅游、冬奥旅游等领域的国内外文献，对国内外相关研究现状进行了回顾概括。第二章盘点了我国冰雪资源与资产现状和综合利用研究。第三章确定了发展定位，构建了近期、中远期战略目标，结合冰雪旅游发展现状，提出了要重点发展八大旅游要素形态。第四章系统提出了冬奥旅游发展的战略路径，并提出了针对性的优化举措。第五章基于冰雪旅游发展水平，以文化旅游资源为依托，提出了冬奥旅游区域产业和空间发展总体格局。第六章为 2022 年冬奥会专题研究，包括 2022 年冬奥会期间京外游客对北京传统文化旅游地的游览计划行为研究；2022 年冬奥会背景下北京文化旅游产业升级研究；2022 年冬奥旅游核心区域的合作机制与协同策略研究；2022 年冬奥会带动北京、张家口冬季旅游一体化发展的模式研究。第七章根据前文关于冰雪旅游的相关研究，提出了未来我国冰雪产业发展的对策与建议。

在具体编写上，本书由北京第二外国语学院旅游科学学院冯凌和王金伟统筹主编，刘乙、郭嘉欣、孙洁、雷婷、鹿广娟、王国权、方晨予、张笑、李智、丁昊文、李雪松等参与了本书的研究、撰写和调查。感谢北京市社会科学基金项目重大项目（19ZDA11）课题对本书的资助，感谢北京第二外国语学院科研处出版经费（21110002）对本书出版的资助，感谢北京第二外国语学院旅游科学学院团队的大力支持，感谢课题组每一位成员的努力。希望本书能为中国冰雪产业的发展和冬奥会筹办工作的顺利进行尽一份绵薄之力。

由于作者水平有限，书中不足之处在所难免，敬请各位专家和广大读者提出宝贵意见和建议。

目　录

第一章　绪　论

一、研究意义 / 003

二、研究背景 / 004

（一）政策背景：政策引导推动冬奥旅游发展战略布局 / 004

（二）现实背景：冰雪旅游市场发展迅速，产业初具规模 / 004

三、国内外冰雪旅游的研究进展 / 006

（一）国内外冰雪旅游综述 / 006

（二）国内外冬奥旅游综述 / 008

第二章　资源与资产

一、基本文化设施 / 013

二、旅游资源概况 / 014

（一）国家 A 级景区 / 014

（二）历史文化名镇名村 / 015

（三）国家级自然保护区 / 018

（四）国家森林公园 / 019

三、冰雪运动资源与设施 / 021

（一）京津冀地区冰雪运动设施现状 / 021

（二）京津冀地区旅游资源评价 / 024

四、旅游与"大文化"资源整合 / 025

（一）长城文化带与冰雪产业融合发展 / 025

（二）文旅资源与冰雪产业融合发展 / 025

（三）生态资源与冰雪产业融合发展 / 026

（四）重点旅游城市 / 026

（五）引导酒店业特色化发展 / 027

（六）会展旅游与冰雪产业发展 / 027

五、联动产业资源整合 / 028

（一）冰雪装备制造业 / 028

（二）休闲娱乐业 / 028

（三）人力资源供给机构 / 028

（四）旅游度假地产 / 029

（五）新兴科技产业 / 029

（六）康养产业 / 029

（七）冰雪研学基地 / 030

第三章　发展定位、目标与要素

一、发展定位 / 033

二、发展目标 / 033

（一）环阿尔卑斯地区冰雪产业发展研究 / 033

（二）战略目标体系构建 / 036

（三）战略目标测算 / 036

三、基本功能、要素与形态 / 038

（一）滑雪场 / 039

（二）国际冰雪文化旅游度假区 / 041

（三）滑雪运动学院 / 043

（四）标志性赛事与节会活动 / 047

（五）重大国际交往活动 / 048

（六）国际组织机构 / 050

（七）冰雪装备制造产业园 / 052

（八）"冰雪+文化"产业集群 / 053

第四章　发展战略与举措

一、加快推进区域一体化发展 / 059

（一）强化政府间合作，实现协调发展 / 060

（二）做好顶层设计，统筹推进区域发展 / 060

（三）建设环北京地区冰雪旅游行业联盟 / 062

（四）打通环北京地区冰雪旅游交通网络体系 / 062

（五）构建环北京地区冰雪旅游集散服务体系 / 064

（六）搭建环北京地区冰雪旅游线上服务总入口 / 065

二、加快推进区域品牌化发展 / 067

（一）推出"东方重要的冬季旅游与人文交往中心"形象
　　　品牌 / 067

（二）构建环北京冰雪运动和文化旅游品牌体系 / 068

（三）建立统一共享的旅游营销机制 / 069

（四）精准营销，率先突破京津冀、日本和韩国、"一带一路"
沿线国家和地区三大市场 / 070

（五）加大对区域冰雪运动与文化旅游的品牌推广力度 / 071

三、加快推进区域国际化发展 / 072

（一）扩大对外开放水平 / 073

（二）大力培育国际旅游消费新空间 / 073

（三）构建国际旅游品质接待服务体系 / 074

（四）营造国际化旅游环境 / 075

（五）强化国际交流，打造一批标志性国际赛事和会议活动 / 077

四、加快推进区域市场化发展 / 077

（一）完善市场准入负面清单与退出机制 / 078

（二）建立专项发展基金 / 079

（三）扶持和支持冰雪与文化旅游企业跨区域经营发展 / 079

（四）建立安全旅游诚信体系 / 080

（五）建立联合市场监督检查机制 / 081

第五章　空间发展格局

一、区域产业和空间发展总体格局 / 085

（一）构建空间四圈层结构 / 085

（二）构建五大文化旅游带 / 087

（三）构建六大文化旅游片区 / 088

二、区域发展战略要点 / 089

（一）空间圈层发展方向 / 089

（二）文化旅游带发展方向 / 093

（三）文化旅游片区发展方向 / 096

第六章 2022 年冬奥会专题

一、2022 年冬奥会期间京外游客对北京传统文化旅游地的
游览计划行为研究 / 103

（一）研究背景 / 103

（二）京外游客游览计划行为的特点 / 107

（三）北京传统文化旅游地的发展问题 / 108

（四）北京传统文化旅游地发展对策 / 110

二、2022 年冬奥会背景下北京文化旅游产业升级研究 / 113

（一）研究背景 / 113

（二）北京奥林匹克公园地区发展概况 / 115

（三）北京奥林匹克地区现存问题 / 117

（四）北京奥林匹克地区升级建议与策略 / 120

三、2022 年冬奥旅游核心区域的合作机制与协同策略
研究 / 122

（一）研究背景 / 122

（二）冬奥核心区域连接与合作的基础现状 / 123

（三）冬奥旅游核心区域合作动力机制构建 / 126

（四）冬奥旅游核心区域合作及关键问题分析 / 129

（五）冬奥旅游核心区域协同合作路径优化 / 131

四、2022 年冬奥会带动北京、张家口冬季旅游一体化发展的
模式研究 / 133

（一）研究背景 / 133

（二）北京、张家口冬季旅游发展现状／135

（三）北京、张家口区域旅游一体化的发展结构特征及分析／138

（四）冬奥会背景下北京、张家口冬季旅游一体化模式分析及
　　对策／141

第七章　发展对策与建议

一、重视和推进冰雪产业的发展／151

（一）研究落实"带动三亿人参与冰雪运动"的发展目标和
　　发展战略／151

（二）用好冬奥遗产，打造龙头产品，培育国际品牌／151

（三）研究提出疫情常态化防控下冰雪产业的发展举措／152

二、建立健全冰雪产业发展的推动机制和保障体系／152

（一）建立冰雪产业发展长效机制，增强产业持续发展能力／152

（二）利用大数据打造产业管理、服务和营销平台，增强产业
　　精准治理能力／153

（三）整合多方力量建立全方位安全管理机制，增强产业的危机
　　应对能力／153

三、优化全国冰雪产业发展布局／153

（一）完善冰雪产业链条，提升产业附加值／154

（二）加快冰雪运动普及、人才培养和研发体系建设，增强产业
　　内生发展能力／154

（三）释放和引导国民冰雪消费／154

参考文献／155

第一章

绪　论

一、研究意义

对中国冬奥旅游的发展战略与布局的研究具有深远的现实意义和历史意义。2022年冬奥会是又一次全球性的运动赛事，也是中国向世界展示和增强国际影响力的一次机会。2022年冬奥会需要专业赛事与冰雪体育旅游并举，冬奥旅游的发展有利于国内冰雪运动、冰雪文化的培育和发展，为冬奥会的举办预热，因此对中国冬奥旅游的发展战略与布局的研究不仅事关冬奥旅游、冰雪运动的长远发展，也关乎冬奥会的成功举办。

助推全民冰雪运动的实现。冰雪旅游已经成为当代旅游热潮，代表着国民大众新的休闲娱乐方式。研究中国冬奥旅游的发展战略与布局有利于"带动三亿人参与冰雪运动"战略目标的实现；有利于我国冰雪产品和产业链的进一步开放，促进冰雪设备设施的发展；有利于倡导健康方式，为国民大众提供更多样化的、创新的冰雪旅游产品，满足国民对于冰雪旅游的需求。

冰雪旅游的发展对于旅游业、体育业、经济以及冰雪文化都有着重要的作用，发展好冰雪旅游，离不开对中国冬奥旅游的发展战略与布局的详尽研究，以促进冰雪产业提质升级，刺激国民冰雪旅游消费需求，推动旅游消费内容多样化、消费结构均衡化，带动冰雪经济，促进全国冰雪旅游市场向着多样化、高水平发展。

二、研究背景

（一）政策背景：政策引导推动冬奥旅游发展战略布局

随着 2015 年成功申办北京—张家口冬奥会，冰雪运动在国家战略层面得到了前所未有的重视，2016 年国家密集出台了《全民健身计划（2016—2022 年）》《国务院办公厅关于加快发展健身休闲产业的指导意见》《群众冬季运动推广普及计划（2016—2022 年）》《冰雪运动发展规划（2016—2025 年）》《全国冰雪场地设施建设规划（2016—2022 年）》等系列文件，其中提出了一系列促进冰雪运动、冬奥旅游发展的重大举措。在国家设立总目标并出台相关政策后，各地方响应政策，陆续发布了一系列地方政策。2018 年，国家体育总局公布了大力推广普及群众性冰雪运动，奋力实现"带动三亿人参与冰雪运动"目标；2021 年 2 月，《冰雪旅游发展行动计划（2021—2023 年）》指出：2023 年，推动冰雪旅游形成较为合理的空间布局和较为均衡的产业结构，扩大冰雪旅游优质产品供给，深挖冰雪旅游消费潜力，推动冰雪旅游与相关行业融合，提升冰雪旅游公共服务，夯实冰雪旅游发展基础。冰雪旅游已经上升为国家政策，一系列政策利好助推我国冰雪旅游产业发展，实现全民参与冰雪运动，加快形成冬奥旅游发展战略布局。

（二）现实背景：冰雪旅游市场发展迅速，产业初具规模

冰雪旅游产业迅速兴起，据统计，自 2018 年起全国冰雪旅游企业

以每年15%的速度增长，截至目前已经将近7000家，我国冰雪旅游的投资规模也在不断扩大，总规模将近9000亿元。《中国滑雪产业白皮书（2019年度报告）》显示，2019年国内共有滑雪场770家，滑雪人次达2090万人，与2018年相比分别增长3.77%、6.09%，滑雪产业作为冰雪产业的发展核心，发展形势已初具规模，为冰雪旅游的进一步推广发展奠定了基础。据数据统计，2018—2019年冰雪季中国冰雪旅游人次达2.24亿，冰雪旅游收入约为3860亿元，分别同比增长13.7%、17.1%，全民参与冰雪旅游热情高涨，日益增长的冰雪旅游市场需求和较高的消费能力说明了冰雪旅游市场发展迅速。2016—2020年冰雪旅游发展趋势如图1-1所示。

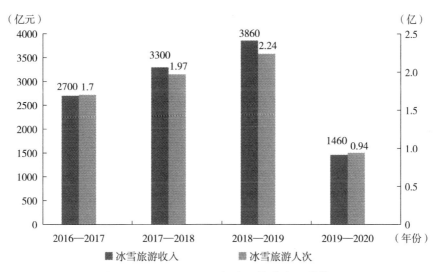

图1-1 2016—2020年冰雪旅游发展趋势

但我国冰雪旅游转型升级仍有问题待解决，我国滑雪产业受制于自然条件和设备因素，在空间布局和发展规模上仍有待优化发展。《中国冰雪旅游发展报告（2021）》指出，我国冰雪旅游市场主体竞争能力不强，目前全球冰雪旅游集中在欧美地区发展，与国外冰雪旅游目的地相比，国内冰雪旅游影响力仍不足，且冰雪旅游产品较为单一，在未来的发展中，为满足消费者多样的消费需求，需要持续创新升级。

三、国内外冰雪旅游的研究进展

（一）国内外冰雪旅游综述

文献综述表明，国内外对冰雪旅游、冬奥旅游的相关研究已有较多成果。

国内数据通过 CNKI 进行文献检索，首先，以"主题＝冰雪 and 旅游 or 主题＝滑雪 and 旅游 or 主题＝冰雪文化 and 旅游 or 主题＝冰雪运动 and 体育旅游 or 主题＝冬季旅游"作为主题词，对文献的发表时间不作限定，共检索出 399 篇文献。检索日期为 2021 年 1 月 1 日。其次，剔除会议综述、新闻报告、专家访谈等类型的文章，共筛选出 257 篇有效期刊论文（时间跨度为 1990—2020 年）以及 419 篇博硕士论文（时间跨度为 2002—2020 年）作为研究数据，共 676 篇。国外研究数据选用 Web of Science 核心合集数据库，分别以"snow tourism""ski tourism""winter tourism"等字段进行主题检索，文献类别定为"article"，时间上不作限定，共检索出文献 1429 篇，剔除缺乏相关联的文献，得到析出文献 181 篇，时间跨度为 1986—2020 年。

国内冰雪旅游研究始于 20 世纪 90 年代。1990 年，韩杰和张中飞探讨了吉林市冰雪旅游资源的开发，拉开了国内冰雪旅游研究的序幕。中国的冰雪旅游研究大致可划分为三个阶段：

一是萌芽探索阶段（1990—2003 年）。这一阶段，国内学者开始注意到冬季冰雪运动的旅游开发前景，提出通过旅游的方式开发冰雪资源；在这一时期，王民和陈传康（1997）、张德民（1998）、杜庆臻等（1998，1999）、梅林和杨青山等（2000）对黑龙江开发冰雪旅游、发展冰雪运动先后提出了自己的研究设想并进行了路径分析。韩杰和韩丁（2001）不仅系统总结了我国滑雪场旅游的自然禀赋、滑雪场建设与运营等方面存在的问题，还通过中外对比找出差距与不足。但总的来说这一阶段年度发文量极少，共出现 13 篇文献，年均发文量仅为 1 篇。

二是初步发展阶段（2004—2014 年）。随着冰雪旅游的发展升温，以及社会大众对冰雪运动的喜爱，国内冰雪旅游学术研究也逐渐呈现上升趋势。随着 2008 年奥运会的举办以及全民参与体育运动社会热潮的兴起，冰雪旅游日益受到学者们的广泛关注，开始成为国内学术界关注的重要领域之一。但在 2010 年后，年度发文量开始急剧衰减，到 2014 年发文量仅为 9 篇。这一时期，国内学者们对于一些冰雪旅游目的地（如黑龙江、吉林、辽宁、新疆）的发展战略和路径进行了更为细致的讨论。总的来说，在这一阶段冰雪旅游开始引起部分学者的关注，但相关研究多为简单的政治探讨、发展路径等定性分析，较少出现定量的实证类文章，缺乏一定的理论深度。

三是蓬勃发展阶段（2015—2020 年）。2015 年 7 月，北京—张家口冬奥会的成功申办，催生了国内学术界的冰雪旅游"转向"，相关研究相继涌现，年度发文量平稳上升。随着 2022 年北京—张家口冬奥会的日益临近，冰雪旅游研究进入了蓬勃发展阶段，学者对"需求侧"层面的冰雪游客的冰雪旅游体验、冰雪旅游满意度、行为特征等展开了研究探讨，有效丰富了该研究领域的主题和范畴。总的来说，这一时期学术界开始重点关注冰雪旅游，且在研究方法上逐渐由定性研究转向定量研究，由供给侧主导到供需并重，研究视角从宏观逐渐向中微观过渡，学术积累和知识外溢较为显著，初步形成了一定的理论体系。

国际冰雪旅游研究经历了四个阶段：①萌芽起步期（2007 年以前）。这一阶段虽然年均发文量在 3 篇以下，但是学者们已经关注到该领域，并进行了初步研究。②快速成长期（2007—2011 年）。这一阶段发文量迅速增长，2011 年达到顶峰，发文量为 21 篇，说明相关研究开始引起更多学者的关注和重视。③平稳发展期（2012—2017 年）。2012 年的发文量下降到 10 篇以内，此后开始趋于稳定，表明该研究领域已成为一个不可忽视的重要研究方向。④高潮跃进期（2018—2020 年）。2018 年，发文量开始出现翻倍式跃增，到 2019 年达到峰值，全年发文量为 23 篇，说明该领域的影响力不断上升。

（二）国内外冬奥旅游综述

国内数据通过 CNKI 数据库进行检索，设定检索词为"主题＝冬奥 and 旅游 or 主题＝冬奥会 and 旅游 or 主题＝冬季奥运会 and 旅游"，时间不作限定，检索共计 812 条结果，剔除会议文章、访谈或与主题无关的文章，共计 202 篇期刊、17 篇硕博论文。国外研究数据选择 ScienceDirect 数据库，以"Winter Olympics"and"tourism"为检索关键词，时间不作限定，检索出 876 条结果，剔除不相干主题的文章，得到文献 55 篇，时间跨度为 1990—2020 年。

国内关于冬奥旅游的研究可以分为两个阶段：

一是初步发展阶段（2015—2017 年）。随着 2015 年北京—张家口成功申办 2022 年冬季奥运会，国内学者开始关注申办冬奥会对于旅游业的影响及对策研究，这一阶段研究集中于冬奥会的举办对于周边地区如京津冀地区的影响，王永莉和王建红（2015）以及任毅、李宇和赵敏燕等（2015）分别对冬奥会对张家口旅游业的影响对策和对接模式展开了深入研究；王晋伟和张凤彪（2015）对北京冬奥会带来的发展机遇进行了阐述。总的来说，这一阶段学者们关注在冬奥会契机下相关地区旅游发展的对策研究。

二是蓬勃发展阶段（2018—2020 年）。随着国内相关利好政策的颁布，冰雪旅游上升到国家战略角度，学术界关注到冬奥会背景下我国冰雪产业和体育产业的驱动和发展需求。学者们围绕"2022 年北京—张家口冬奥会"与"冰雪旅游发展"两大主题，广泛探讨了京津冀冰雪旅游地发展路径、冬奥会对国内冰雪旅游的推动发展、冰雪运动与文化旅游融合等话题，这一时期学术界相关研究不断涌现，2018年发文量达到49篇，较前一阶段有了很大提升。

国际关于冬奥旅游的研究可以分为三个阶段：①初步探索阶段（1990—2004年）。该阶段虽然发文量较少，但是学者已经注意到冬奥会举办对主办城市的影响，并开始了初步探索研究。②快速成长阶段（2005—2014年）。这一阶段学术界开始关注大型运动赛事如冬奥会对于旅游业影响领域的研究，发文量迅速增长。③平稳发展阶段（2015—2020年）。这一阶段发文量增长趋势减缓，但是学者们拓展了对该领域的研究视角，如冬奥会举办对旅游形象建立的促进作用和社会影响等，国外学术界对于冬奥旅游的相关研究得到了持续关注。

第二章

资源与资产

一、基本文化设施

根据国家文物局及北京、天津、河北各文化和旅游局（厅）公布的数据，截至 2018 年，京津冀地区共有名人故居 194 处（北京市 75 处、天津市 100 处、河北省 19 处）；博物馆 317 处（北京市 151 处、天津市 65 处、河北省 101 处）；公共图书馆 162 座（北京市 18 座、天津市 27 座、河北省 117 座）。京津冀地区文化设施基础良好，但是各类基础文体设施质量参差不齐，三地均应增加高级艺术表演场馆、高质量文化广场等基础设施的建设。京津冀地区名人故居数量如图 2-1 所示，京津冀地区博物馆数量如图 2-2 所示，京津冀地区公共图书馆数量如图 2-3 所示。

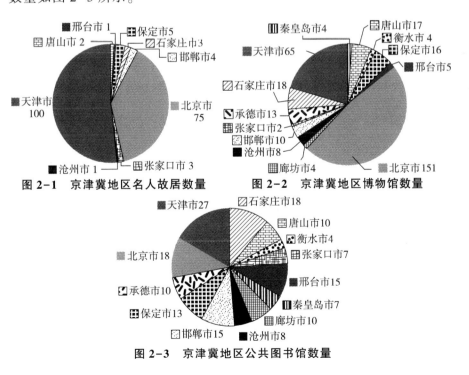

图 2-1 京津冀地区名人故居数量　　图 2-2 京津冀地区博物馆数量

图 2-3 京津冀地区公共图书馆数量

二、旅游资源概况

（一）国家 A 级景区

我国的旅游景区质量等级划分为五级，分别是 5A、4A、3A、2A、A，截至 2019 年，全国共有 A 级景区 12402 处，京津冀三地共有国家 A 级景区 752 处（北京市 235 处、天津市 97 处、河北省 420 处），其中北京市有 5A 级景区 9 处（见表 2-1）、天津市有 5A 级景区 2 处（见表 2-2）；河北省有 5A 级景区 9 处（见表 2-3）。

表 2-1 北京市国家 5A 级景区

序号	名称	地区	级别
1	故宫博物院	东城区	
2	天坛公园	东城区	
3	圆明园遗址公园	海淀区	
4	颐和园	海淀区	
5	十三陵	昌平区	AAAAA
6	八达岭长城风景名胜区	延庆区	
7	北京市奥林匹克森林公园	朝阳区	
8	慕田峪长城	怀柔区	
9	恭王府	西城区	

表 2-2　天津市国家 5A 级景区

序号	名称	地区	级别
1	天津古文化街旅游区（津门故里）	南开区	AAAAA
2	天津盘山风景名胜区	蓟州区	

表 2-3　河北省国家 5A 级景区

序号	名称	地区	级别
1	西柏坡纪念馆	石家庄市平山县	AAAAA
2	承德避暑山庄及周围寺庙景区	承德市	
3	山海关景区	秦皇岛市	
4	清东陵	唐山	
5	野三坡景区	涞水县	
6	白石山景区	涞水县	
7	娲皇宫	涉县	
8	广府古城旅游景区	永年区	
9	安新白洋淀景区	安新县	

（二）历史文化名镇名村

历史文化名镇名村保留了某些历史时期传统风貌和民俗风情的镇和村，是弘扬特色民族文化的重要载体之一。我国历史文化名镇名村京津冀地区共有 48 处，其中北京市 6 处（见表 2-4）：1 处名镇、5 处名村；天津市 2 处（见表 2-5）：1 处名镇、1 处名村；河北省 40 处（见表 2-6）：8 处名镇、32 处名村。

表 2-4　北京市历史文化名镇名村

序号	名称	地区	类型
1	北京市密云区古北口镇	密云区	名镇

续表

序号	名称	地区	类型
2	门头沟区龙泉镇琉璃渠村	门头沟区	
3	房山区南窑乡水峪村	房山区	
4	门头沟区斋堂镇爨底下村	门头沟区	名村
5	门头沟区斋堂镇灵水村	门头沟区	
6	顺义区龙湾屯镇焦庄户村	顺义区	

表2-5 天津市历史文化名镇名村

序号	名称	地区	类型
1	天津市西青区杨柳青镇	西青区	名镇
2	天津市蓟县渔阳镇西井峪村	蓟县	名村

表2-6 河北省历史文化名镇名村

序号	名称	地区	类型
1	永年县广府镇	邯郸市	
2	邯郸市峰峰矿区大社镇	邯郸市	
3	井陉县天长镇	石家庄市	
4	涉县固新镇	邯郸市	
5	蔚县代王城镇	张家口市	名镇
6	蔚县暖泉镇	张家口市	
7	武安市伯延镇	武安市	
8	武安市冶陶镇	武安市	
9	井陉县于家乡于家村	石家庄市	
10	清苑区冉庄镇然庄村	保定市	
11	邢台县路罗镇英谈村	邢台市	
12	磁县陶泉乡北岔口村	邯郸市	名村
13	磁县陶泉乡花驼村	邯郸市	
14	磁县陶泉乡南王庄村	邯郸市	

序号	名称	地区	类型
15	怀来县鸡鸣驿乡鸡鸣驿村	张家口市	
16	怀来县瑞云观乡镇边城村	张家口市	
17	井陉县南障城镇大梁江村	石家庄市	
18	井陉县南障城镇吕家	石家庄市	
19	井陉县天长镇小龙窝村	石家庄市	
20	沙河市册井乡北盆水村	邢台市	
21	沙河市柴关乡绿水池村	邢台市	
22	沙河市柴关乡王硇村	邢台市	
23	沙河市柴关乡西沟村	邢台市	
24	涉县固新镇原曲村	邯郸市	
25	涉县偏城镇偏城村	邯郸市	
26	蔚县南留庄镇南留庄村	张家口市	
27	蔚县南留庄镇水西堡村	张家口市	
28	蔚县宋家庄镇大固城村	张家口市	
29	蔚县宋家庄镇上苏庄村	张家口市	名村
30	蔚县宋家庄镇宋家庄村	张家口市	
31	蔚县涌泉庄乡北方城村	张家口市	
32	蔚县涌泉庄乡北堡村	张家口市	
33	蔚县涌泉庄乡任家涧村	张家口市	
34	武安市石洞乡什里店村	邯郸市	
35	武安市午汲镇大贺庄村	邯郸市	
36	邢台县将军墓镇内阳村	邢台市	
37	邢台县路罗镇鱼林沟村	邢台市	
38	邢台县南石门镇崔路村	邢台市	
39	邢台县太子井乡龙化村	邢台市	
40	阳原县浮图讲乡开阳村	张家口市	

（三）国家级自然保护区

国家级自然保护区是保护生态系统、推进生态文明建设、构建生态安全屏障的有效途径。截至 2019 年，京津冀地区有国家级自然保护区 18 处，北京市 2 处、天津市 3 处、河北省 13 处（见表 2-7）。

表 2-7　京津冀地区国家级自然保护区

序号	名称	地区
1	北京松山国家级自然保护区	北京市延庆区
2	北京百花山国家级自然保护区	北京市门头沟区
3	天津古海岸与湿地国家级自然保护区	天津市滨海地区
4	天津蓟县中上元古界国家级自然保护区	天津市蓟州区
5	天津八仙山国家级自然保护区	天津市蓟县
6	河北昌黎黄金海岸国家级自然保护区	河北省秦皇岛市
7	河北小五台山国家级自然保护区	河北省张家口市
8	河北泥河湾国家级自然保护区	河北省阳原县、蔚县
9	河北大海坨国家级自然保护区	河北省张家口市
10	河北雾灵山国家级自然保护区	河北省承德市
11	河北围场红松洼国家级自然保护区	河北省承德市
12	河北衡水湖国家级自然保护区	河北省衡水市
13	河北柳江盆地地址遗迹国家级自然保护区	河北省秦皇岛市
14	河北塞罕坝国家级自然保护区	河北省承德市
15	河北茅荆坝国家级自然保护区	河北省承德市
16	河北滦河上游国家级自然保护区	河北省承德市
17	驼梁国家级自然保护区	河北省石家庄市
18	青崖寨国家级自然保护区	河北省武安市

（四）国家森林公园

国家森林公园具有较高的观赏价值、科学价值和文化价值，旅游服务设施齐全，人文景观资源丰富，是重要的教育基地和旅游景点。截至 2019 年，京津冀地区共有 44 处，其中北京市 15 处（见表 2-8）、天津市 1 处（见表 2-9）、河北省 28 处（见表 2-10）。

表 2-8 北京市国家森林公园

序号	名称	地区	建园时间
1	北京西山国家森林公园	海淀区、石景山区、门头沟区	1992 年
2	北京上方山国家森林公园	房山区	1992 年
3	北京十三陵国家森林公园	昌平区	1992 年
4	北京云蒙山国家森林公园	密云区	1995 年
5	北京小龙门国家森林公园	门头沟区	2000 年
6	北京鹫峰国家森林公园	海淀区	2003 年
7	北京大兴古桑国家森林公园	大兴区	2004 年
8	北京大杨山国家森林公园	昌平区	2004 年
9	北京八达岭国家森林公园	延庆区	2005 年
10	北京北宫国家森林公园	丰台区	2005 年
11	北京霞云岭国家森林公园	房山区	2005 年
12	北京黄松峪国家森林公园	平谷区	2005 年
13	北京崎峰山国家森林公园	怀柔区	2006 年
14	北京天门山国家森林公园	门头沟区	2006 年
15	北京喇叭沟国家森林公园	怀柔区	2008 年

表 2-9 天津市国家森林公园

序号	名称	地区	建园时间
1	天津九龙山国家森林公园	蓟县	1997 年

表 2-10   河北省国家森林公园

序号	名称	地区	建园时间
1	河北海滨国家森林公园	秦皇岛市	1991 年
2	河北塞罕坝国家森林公园	承德市	1993 年
3	河北磐锤峰国家森林公园	承德市	1993 年
4	河北翔云岛国家森林公园	唐山市	1993 年
5	河北清东陵国家森林公园	遵化市	1993 年
6	河北辽河源国家森林公园	承德市	1996 年
7	河北山海关国家森林公园	秦皇岛市	1997 年
8	河北五岳寨国家森林公园	石家庄市	2000 年
9	河北白草洼国家森林公园	承德市	2002 年
10	河北天生桥国家森林公园	保定市	2002 年
11	河北黄羊山国家森林公园	张家口市	2004 年
12	河北茅荆坝国家森林公园	承德市	2004 年
13	河北响堂山国家森林公园	邯郸市	2004 年
14	河北野三坡国家森林公园	保定市	2004 年
15	河北六里坪国家森林公园	承德市	2004 年
16	河北白石山国家森林公园	保定市	2005 年
17	河北易州国家森林公园	承德市	2005 年
18	河北古北岳国家森林公园	保定市	2005 年
19	河北武安国家森林公园	邯郸市	2005 年
20	河北前南峪国家森林公园	邢台市	2006 年
21	河北驼梁山国家森林公园	石家庄市	2006 年
22	河北木兰围场国家森林公园	承德市	2008 年
23	河北蝎子沟国家森林公园	邢台市	2008 年
24	河北仙台山国家森林公园	石家庄市	2008 年
25	河北丰宁国家森林公园	承德市	2008 年
26	河北黑龙山国家森林公园	张家口市	2009 年
27	河北大青山国家森林公园	张家口市	2017 年
28	河北坝上沽源国家森林公园	张家口市	2019 年

三、冰雪运动资源与设施

（一）京津冀地区冰雪运动设施现状

1. 滑雪场概况

根据《中国滑雪产业白皮书》发布的数据，截至 2019 年底，全国共有 770 家滑雪场，其中京津冀地区共有 99 家滑雪场（北京市 25 家、天津市 13 家、河北省 61 家），河北省滑雪场数量排全国第四位。图 2-4 是全国滑雪场数量分布情况。图 2-5 是全国脱挂式架空索道数量分布情况。脱挂式架空索道全国共 60 条，京津冀共 24 条（北京市 3 条、河北省 21 条），河北省脱挂式架空索道数量排全国第一。国内共有含架空索道的滑雪场 155 家，架空索道总数 261 条，其中京津冀有架空索道的滑雪场数量共 36 家（北京市 13 家、天津市 1 家、河北省 22 家），河北省含架空索道的滑雪场数量排全国第二；架空索道共 73 条（北京市 23 条、天津市 1 条、河北省 49 条），河北省架空索道数量

图 2-4　全国滑雪场数量

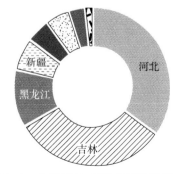

图 2-5　全国脱挂式架空索道数量

居全国第一（见图2-6）。压雪车方面，国内雪场全部压雪车数量约为629台。2019年，国内新增压雪车数量为88台，其中进口新车合计61台，国产压雪车27台，包括北京延庆冬奥会国家高山滑雪中心19台（见图2-7）。造雪机方面，2019年，全国滑雪场新增造雪机1149台（包括冬奥会项目采购数量），相比2018年的810台增长141.85%。截至2019年底，全部造雪机数量合计约8559台，新增造雪机中，国产造雪机达到467台，比重显著提高（见图2-8）。

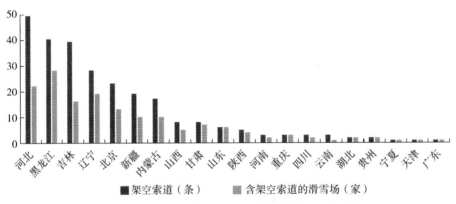

图2-6　全国架空索道和含架空索道的滑雪场数量

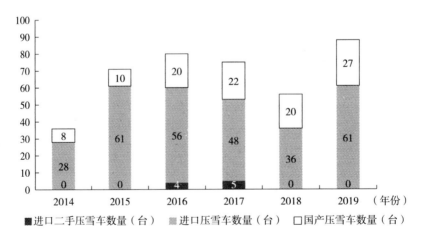

图2-7　全国滑雪场新增压雪车数量

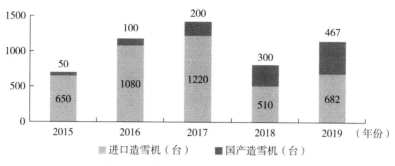

图 2-8　全国滑雪场新增造雪机数量

从滑雪场的数量和设施水平来看，京津冀的冰雪运动规模居全国领先地位，加之冬奥会的契机，京津冀区域滑雪设备设施将得到进一步提升。

2. 冰雪场馆空间分布

北京的滑雪场，城区主要集中在朝阳区和海淀区；远郊区则主要集中于昌平和密云区；滑冰场相对集中在朝阳区和海淀区。天津地区滑雪场和滑冰场主要集中于天津中部和平区。受地理位置限制，京津冀滑雪场的分布具有明显的空间集聚性，滑冰场受设施设备因素影响，在城区分布较多。

3. 冰雪运动场馆的开放现状与运营模式

第六次全国体育场地普查显示，京津冀地区的冰雪场地开放形式为三类：不开放、部分时间段开放、全天开放。其中，不开放场馆占比较小、分时段开放的场馆占比达到半数以上。室外冰雪运动场地因受天气因素影响较大，升放时间一般为 3~4 个月，而室内冰雪运动场地的开放时间接近一整年。总体来说，冰雪场地的利用率较可观。此外，京津冀地区的冰雪场地运营模式分为自主运营、合作运营和委托运营三类，其中自主运营模式占比较大。

（二）京津冀地区旅游资源评价

1. 京津冀地区旅游资源空间分布

京津冀地区旅游资源空间分布总体上呈现出聚集分布的特点，分布不均匀，且在个别地区集聚程度较高。冰雪旅游资源具有区域集聚性，并且区域范围旅游资源高度集聚，有利于带动边缘地区冰雪旅游发展。

2. 京津冀地区冰雪旅游资源评价

（1）京津冀地区具备优良的资源条件。京津冀地区拥有天然的地形地貌条件，是华北地区最具潜力的天然滑雪区域，其中河北省张家口地区雪资源较好，滑雪期长。虽然京津地区气候优势不突出，但两地高超的人工造雪技术弥补了这一不足。此外，依靠京津冀一体化发展战略，三省市互相依托、优质资源共享，具有发展冰雪旅游产业的经济基础和技术资源。目前，以万龙滑雪场、太舞滑雪场等为代表的国际滑雪场已具备较高的国际化接待水平，其他滑雪场设施设备、滑雪环境和运行效率等也较为完善。

（2）冰雪旅游产业市场前景广阔。首先，北京是国际化都市，对国外游客的旅游吸引力较强，可以吸引大批的国际滑雪爱好者。京津冀地区是目前我国冰雪旅游资源聚集区，并且已有高效率的国际滑雪场投入运营，能够满足国际滑雪爱好者的需求。其次，冰雪运动目前在我国普及程度较低、国民参与度不高。借助举办冬奥会的契机，国家大力推广冰雪运动，进行冰雪运动宣传，民众对冰雪旅游的情绪逐渐高涨，未来冰雪旅游产业有巨大的发展潜力。另外，与亚洲其他国家相比，目前我国冰雪旅游产业的发展处于上升期，日本处于缓慢下降的阶段，并且京津冀地区的滑雪季比韩国长，所以京津冀地区发展冰雪旅游具备国际竞争优势。

四、旅游与"大文化"资源整合

（一）长城文化带与冰雪产业融合发展

长城作为中华民族文化的伟大象征和国家形象标识，是人类社会现存宏伟的文化遗产之一。长城所在区域目前大部分在北京、天津、河北全境、辽中南和西北地区的北部沿线，尤其集中在京津冀一带。就冰雪旅游资源的空间布局来看，京津冀冰雪旅游资源分布与长城文化带有较高的空间吻合度，特别是北京北部郊区和河北崇礼地区，都与长城文化带高度吻合，为两类旅游资源融合发展提供了良好基础。从我国冰雪旅游市场开发来看，除冰雪运动设施外，主要的吸引力在于文化独特性和地方性，长城作为京津冀地区具有国际影响力的文化IP，冬季冰雪旅游的开发有利于京津冀地区通过发挥长城文化的吸引力作用吸引国际游客，并宣传长城文化和带动区域内旅游相关产业的发展。

（二）文旅资源与冰雪产业融合发展

京津冀区域是中国经济发达的城市群之一，旅游资源类型丰富，特色突出，高质量旅游资源数量众多，分布广泛。历史文化方面，京津冀地区历史悠久，名胜古迹众多，汇集了周口店北京猿人遗址、长城、明清皇宫、承德避暑山庄及周围寺庙、颐和园、天坛、明清皇家陵寝七处世界文化遗产，资源品位度高。2019 年末，北京市文化和旅游局推出了 15 条不同主题的冬季特色旅游线以及 15 条北京冬季自驾线路，充分整合了北京优势冰雪文化旅游资源，深挖冰雪旅游文化，加速文化和旅游、体育和旅游融合脚步，获得了较好的市场反响，弥补了北方冬季市场旅游产品的不足，进一步增强了京津冀冰雪旅游的独特性。

（三）生态资源与冰雪产业融合发展

京津冀具备发展旅游的天然优势。从地理方位来讲，京津冀地区地貌类型多样，名山胜景众多。地形上分属冀北山地、太行山地和华北平原，自然旅游资源极其丰富。北京境内有军都山、灵山、百花山等，东南侧有明十三陵，是明代帝王的陵墓。天津境内有盘山，盘山风景区是著名的生态旅游景点。河北境内有小五台山，风景优美。此外，河北境内有众多的海水浴场和避暑胜地，如北戴河、昌黎海岸等。立足京津冀地区优质的生态文化基底，做好冰雪旅游与生态旅游的深度融合，打造冰雪与生态文化旅游融合示范区。可以开设冰雪旅游、生态康养旅游、建设冰雪度假小镇等多元化的旅游项目。

（四）重点旅游城市

北京是全国的政治中心、文化中心、国际交往中心和科技创新中心，中国旅游研究院《2019 中国入境游游客行为与态度分析报告》中显示，2019 年北京是入境游客第一认知中国城市中的首位城市。天津是中国北方最大的港口城市，独具特色的民间文化、欧陆古典风情、街头小吃、曲艺相声等对游客具有强烈的吸引力。河北省是中国唯一兼有高原、山地、丘陵、平原、湖泊和海滨的省份，还有沧州武术、承德避暑山庄、崇礼国际滑雪节等都会对游客产生吸引力，是区域重点旅游城市。重点城市旅游业的发展为冰雪旅游提供了良好的支撑。京津冀地区目前已经有 99 处专业的滑雪场以及 19 处室内滑冰场，滑雪场与滑冰场数量位居国内前列，再加上重点城市丰富的旅游资源和公共服务基础发挥的辅助作用，为冰雪旅游产业的发展提供了良好的基础。

（五）引导酒店业特色化发展

积极引导冰雪旅游景区周边和旅游城市的酒店改造升级，对于有条件的酒店植入冰雪文化和京津冀地区特色文化元素，打造主题度假酒店。抓住目前冰雪运动的热潮，将冰雪文化和京津冀地区文化元素相结合，开发新的文化产品，并不断地进行挖掘和创新，保持冰雪文化的先进性和独立性，确保冰雪文化与酒店发展相得益彰，带给游客全新的体验。树立特色文化主题酒店的品牌意识，在硬件设施方面，以游客需求为中心，对冰雪文化、京津冀民俗文化的设计和装饰方面进行精心布局，并建立和保持独特的地区特色住宿品牌。在软服务层面上，结合文化主题对服务内容、服务形式和理念进行长期的文化内涵培养，使得酒店的服务契合主题酒店的文化，既推动酒店的发展又能宣传特色主题文化。

（六）会展旅游与冰雪产业发展

对京津冀会展业而言，北京、天津和河北三个省市都有各自不同的资源和优势。北京发挥科技之都、文化之都、国际交往之都的优势，将冰雪运动文化与会展活动相结合，通过举办冰雪运动品牌会展活动、提高冰雪会展项目的质量、加大对优秀冰雪品牌的宣传等形式，助推冰雪产业的发展。天津市和河北省在地理位置、交通设施和场馆资源等方面具有承接大型会展活动的条件，可以承接北京地区因环境限制或是空间限制而不能举办的大型展会活动。此外，借力于天津市自身的产业资源和河北省夯实的冰雪产业基础，在会展活动中大力推广冰雪产业。

五、联动产业资源整合

（一）冰雪装备制造业

统筹规划、科学开发和组织实施冰雪体育装备制造业战略发展计划，借助 2022 年冬奥会的有利契机，理性引导冰雪装备消费，拓展冰雪装备市场，提升冰雪运动装备的科技含量和质量。积极主动与高校、科研院所联合研发冰雪装备，将新技术、新科技应用于冰雪装备制造业。

（二）休闲娱乐业

将休闲娱乐业与冰雪产业进行深度融合，用休闲娱乐的方式增加冰雪运动的娱乐性和体验性。在具有相关设施的冰雪场所，增加冰雪艺术表演、娱雪活动、冰雕观赏等形式的休闲娱乐活动，增加冰雪旅游的趣味性。积极借鉴国内外其他冰雪主题景区的实践经验，设计休闲娱乐产品、开发娱乐休闲项目，将冰雪文化与娱乐项目相结合，带动休闲娱乐业和冰雪产业的共同发展。

（三）人力资源供给机构

冰雪运动的发展离不开人力资源的开发，冰雪产业加强与相关人力资源供给机构的合作，商讨冰雪运动人才资源的开发机制，加强对冰雪运动竞技人才、大众冰雪指导人才、冰雪运动经营管理人才、冰雪运动科技开发人才和冰雪运动服务人才的开发与培养。

（四）旅游度假地产

自成功申办 2022 年冬奥会后，不但冰雪产业得到了显著的发展，更是带动了滑雪度假村等地产行业的发展。从《2018 中国冰雪产业白皮书》发布的信息来看，目前冰雪小镇经济规模占冰雪旅游市场规模的 55%，是冰雪旅游重要的经济主体。冰雪产业与地产商跨界合作，发展集滑雪场、商店和可售物业于一体的滑雪度假村模式。

（五）新兴科技产业

此次 2022 年冬奥会场馆的设计与建设，应用了大量的新兴技术，将会是一场科技与体育融合的奥运盛会。借助科技手段赋能冰雪旅游，能够更好地推动冰雪旅游高质量发展。提升冰雪旅游产品的科技含量、利用大数据完善冰雪旅游市场监管、借助技术手段扩充冰雪旅游的内容和形式，寻求冰雪旅游智能化发展。

（六）康养产业

康养产业是集健康、养生、旅游、文化等于一体的新兴产业，与冰雪产业在健康、运动、养生等方面具有相似的发展体系。康养小镇一般都具有良好的生态条件，充分利用康养产业的生态基础，开发冰雪资源，带给游客全新的运动体验。同时，"康养+冰雪"的融合发展不仅可以充分挖掘康养产业潜力，还能积极培育新的冰雪产业发展模式。

（七）冰雪研学基地

研学教育是研究性学习和亲身体验相结合的综合实践活动，在现阶段有较大的发展空间。因地制宜挖掘冰雪资源并融合营地教育，通过专业化的课程设置开展体验式冰雪教育，提供科学的、专业的、有趣的冰雪教育。此外，冰雪营地教育还能够很好地弥补滑雪场运营受季节影响较大的不足。

第三章

发展定位、目标与要素

一、发展定位

围绕国家提出的"带动三亿人参与冰雪运动"的战略目标，以2022年冬奥会举办为契机，发挥首都北京的辐射带动作用，借鉴阿尔卑斯地区冰雪运动产业发展经验，整合京津冀、带动华北、辐射东北的冰雪和文化旅游资源，深入推进冰雪与文化的深度融合，坚持国际化、品质化、精细化的发展理念，构建集冰雪运动、高端度假、文化体验、大型国际交往、国际性赛事、冰雪培训、冰雪装备制造、文化创意、体育服务等于一体的冰雪旅游产业体系，打造以阿尔卑斯地区为追赶目标的东方的重要冬季旅游中心和国际人文交往高地，带动全国冰雪产业高质量发展。

二、发展目标

（一）环阿尔卑斯地区冰雪产业发展研究

阿尔卑斯地区滑雪场数量多、品质高。当前，全球有67个国家提供设施齐全的室外滑雪场，数量6000家左右，其中阿尔卑斯地区（指属于欧洲阿尔卑斯山脉的国家奥地利、法国、意大利、列支敦士登、斯洛文尼亚和瑞士）滑雪场数量占全球滑雪场的1/3。全球具备4部以上提升设备的滑雪场有2084家，其中770家左右在阿尔卑斯地区，占全球总量的37%。全球有26109部滑雪场提升设备，39%集中于阿尔卑斯地区。全球共有51家滑雪场冬季平均滑雪人次突破百万，其中80%位于阿尔卑斯地区，傲视全球。

阿尔卑斯地区每年吸引近一半全球滑雪者。全球年滑雪人次在4亿左右，滑雪者群体为1.3亿人，阿尔卑斯地区是世界上最大的滑雪胜地，年滑雪人次占总数的44%。全球滑雪人次最多的滑雪场是位于法国东南部的拉普拉涅滑雪场，近几年，雪季的平均滑雪人次约达240万。

阿尔卑斯地区云集了一批有影响力的国际组织。阿尔卑斯地区的巴黎、日内瓦、维也纳都是国际城市，对外开放水平高，在冰雪旅游的发展和带动下，云集了一批有着世界影响力的世界组织，包括各国议会联盟、国际铁路联盟、联合国教科文组织、国际红十字会、世界贸易组织、世界卫生组织、世界知识产权组织、联合国工业发展组织等。阿尔卑斯地区主要的国际组织及其总部如表3-1所示。

表3-1　阿尔卑斯地区主要的国际组织及其总部（不完全统计）

序号	国际组织	总部
1	各国议会联盟	瑞士日内瓦
2	裁军谈判会议	瑞士日内瓦
3	国际红十字会	瑞士日内瓦
4	国际标准化组织	瑞士日内瓦
5	世界贸易组织	瑞士日内瓦
6	国际劳工组织	瑞士日内瓦
7	世界卫生组织	瑞士日内瓦
8	国际电信联盟	瑞士日内瓦
9	世界气象组织	瑞士日内瓦
10	世界知识产权组织	瑞士日内瓦
11	联合国贸易和发展会议	瑞士日内瓦
12	联合国难民事务高级专员公署	瑞士日内瓦
13	联合国欧洲经济委员会	瑞士日内瓦
14	万国邮政联盟	瑞士伯尔尼

序号	国际组织	总部
15	欧洲委员会	法国斯特拉斯堡
16	国际铁路联盟	法国巴黎
17	联合国教育、科学及文化组织	法国巴黎
18	石油输出国组织	奥地利维也纳
19	联合国工业发展组织	奥地利维也纳
20	国际麻醉品管制署	奥地利维也纳
21	世界粮食理事会	意大利罗马
22	世界粮食计划署	意大利罗马
23	国际农业发展基金	意大利罗马
24	联合国粮食及农业组织	意大利罗马

阿尔卑斯地区是世界知名的人文交往中心。一方面，围绕冰雪旅游，阿尔卑斯地区形成了瑞士格林德沃世界雪节、奥地利雪暴节等闻名世界的冰雪节庆活动，并先后多次举办自由式滑雪世界锦标赛、世界高山滑雪锦标赛、世界单板滑雪锦标赛、国际雪联滑雪世界杯和世锦赛等国际赛事活动。另一方面，由于冰雪旅游初期以欧洲的高端人群为主，商务人士在冬季积聚在阿尔卑斯滑雪度假区，为商务会见提供了许多便利，由此欧洲的商务人士形成了在冬季休闲的同时也进行部分高端会议的传统。世界政商最高端会议达沃斯论坛就是顺势而为。高端政商人士的会聚，国际组织的云集，使得阿尔卑斯地区每年有数千场国际人文交往活动。以瑞士日内瓦为例，日内瓦每年召开近3000个国际性会议，数据显示，日内瓦会议经济每年直接收入超过700亿美元。除此之外，日内瓦每年还举办50多个全国性和国际性展览会，展出面积超过50万平方米，专业化、国际化、市场化程度都很高。

阿尔卑斯地区已经形成了较为完善的冰雪产业链条。经过一个世纪的发展，阿尔卑斯地区的冰雪产业已经成为瑞士、奥地利、法国等多个国家山区的主导产业和支柱产业，形成了集冰雪运动、高端酒店、冰雪赛事、国际会议、国际会展、冰雪培训、冰雪制造等于一体的较为完整的多元化的产业链条。目前奥地利近 40 万人的就业岗位直接或间接与冰雪体育用品有关，所创造的产值达 200 亿欧元左右。瑞士已经形成了集滑雪运动、冰雪度假、高端酒店、零售业、政商会议、国际赛事、滑雪培训、冰雪产业装备制造于一体的产业体系。

（二）战略目标体系构建

对标环阿尔卑斯地区作为全球性冬季旅游与人文交往中心的冰雪旅游产业发展的现状，结合我国对冬季体育旅游项目的要求和本次课题研究区域的冰雪产业和文化旅游产业发展的实际，以东方重要的冬季旅游中心和人文交往高地为总体目标，考虑从冰雪旅游设施建设、冰雪旅游接待人次、冰雪旅游度假设施建设、入境客源人数、平均停留天数、人均消费、大型赛事活动、国际会议会展活动、冰雪运动教育培训、冰雪装备制造产业规模等角度设计本次研究的战略目标体系。

（三）战略目标测算

目前，我国共有滑雪场 770 家，拥有 5 部及以上提升设备的占比仅有 11%，远远低于奥地利的 78%、美国的 74%、日本的 51%。滑雪人口呈现迅速增长趋势，目前全国约有 1300 万人次，滑雪渗透率（滑雪人口占国家总人口的比例）仅为 1%，而日本是 9%，美国是 8%，瑞士是 35%，法国是 13%。环北京地区的冰雪产业规模就更小了，2018—2019 年滑雪季，张家口崇礼的冰雪旅游人次仅超百万，这与阿尔卑斯地区的冰雪旅游相比存在较大差距。

要把握好举办冬奥会的重大战略机遇，围绕国家提出的"带动三亿人参与冰雪运动"的战略目标，到 2035 年，将以北京为核心，整合京津冀，辐射华北和东北地区的环北京冰雪运动与文化旅游圈打造成为东方重要的冬季旅游与人文交往中心。

近期（2021—2025年）：要加快推动冰雪运动场馆设施和冰雪度假接待设施的建设，充分利用好冬奥会场馆遗存，积极组织承办国际冰雪赛事，策划组织政商两界的国际人文交往活动，加大对冰雪旅游的宣传力度，吸引更多人上冰雪。到2025年，环北京地区滑雪场总量超过200家，打造形成1~2家接待规模超过百万人次的雪场；接待冰雪旅游人数达到5000万人次，带动1亿人上冰雪；游客平均停留天数超过4天，人均消费超过5000元；累计举办国际冰雪赛事2~3次，打造1个具有世界影响力的冰雪旅游节庆活动；每年举办的国际性大型人文交往活动超过100场；知名滑雪运动学院10家以上，滑雪运动指导员达到1万人；冰雪装备制造业产业规模达到3000亿元。

中远期（2026—2035年）：要加快国际化建设，按照国际化标准，配套高端冰雪度假设施，积极吸引国际组织机构入驻，开展对外交流，打造成为名副其实的东方重要的冬季旅游与人文交往中心。到2035年，环北京地区滑雪场总量超过400家，接待规模超过百万人次的雪场达到15家；接待冰雪旅游人数达到1.5亿人次，冰雪渗透率达到15%左右；游客平均停留天数超过7天，人均消费超过12000元；每年举办国际冰雪赛事1次，打造形成具有世界影响力的冰雪旅游节庆活动超过3个；每年举办的国际性大型人文交往活动超过500场；知名滑雪运动学院50家以上，滑雪运动指导员达到10万人；冰雪装备制造业产业规模达到10000亿元（见表3-2）。

表3-2　战略目标测算表

指标	2022年	2025年	2035年
冰雪旅游设施建设	150个	200个； 接待超百万人次雪场达到2个	200个； 接待超百万人次雪场达到15个
人均消费	4000元	5000元	10000元

续表

指标	2022 年	2025 年	2035 年
冰雪旅游 接待人次	人数达到 2500 万人次， 带动 6000 万人上冰雪	人数达到 5000 万人次， 带动 1 亿人上冰雪	人数达到 1.5 亿人次， 带动 3 亿人上冰雪
平均停留天数	3 天	4 天	7 天
大型赛事、 节庆活动	1~2 个	累计举办 2~3 次国际 赛事；1 个具有影响力的 冰雪旅游节庆活动	每年举办 1 次国际赛事； 具有国际影响力的旅游 节庆活动超过 3 个
国际会议 会展活动	20 场	100 场	500 场
冰雪运动 教育培训	5 个知名学校； 5000 名指导员	10 个知名学校； 1 万名指导员	50 个知名学校； 10 万名指导员
冰雪装备 制造业规模	1500 亿元	3000 亿元	10000 亿元

三、基本功能、要素与形态

　　旅游是一项涉及经济、社会文化和自然环境等诸多方面的复杂行为。旅游功能系统是对旅游活动的一种抽象概括，所包含的基本要素和形态是旅游活动的本质组成部分。环京津冀地区的冰雪运动与文化旅游融合发展，需要明确核心的旅游功能、旅游要素形态的发展重点，为打造东方重要的冬季旅游中心和人文交往高地提供核心支撑。借鉴阿尔卑斯冰雪旅游地区的发展经验，结合京津冀地区的冰雪旅游发展现状、产业基础，重点发展滑雪场、国际冰雪文化旅游度假区、滑雪运动学院、标志性赛事与节会活动、重大国际交往活动、国际组织机构、冰雪装备制造产业园、"冰雪+文化"产业集群八大旅游要素形态（见图 3-1）。

图 3-1　京津冀地区八大旅游要素形态

（一）滑雪场

国家体育总局体育经济司发布的 2019 年全国体育场地统计调查数据显示，全国冰雪运动场地 1520 个，其中滑雪场地 644 个，较上年同期增加了 120 个。但是，目前我国大多数滑雪场的装备仍然很差，仅配备 1 个或几个魔毯且多为初级道，仅有 25 家滑雪场接近西方标准，大部分不具备住宿条件，急需加快构建形成布局合理、类型多样的滑雪场地设施网络，增加高级滑雪场的数量，优化初级或小型滑雪场的布局，为打造冬季旅游中心提供场地支撑。围绕《全国冰雪场地设施建设规划（2016—2022 年）》的要求，依托沟谷山地、气候环境、生态资源条件，结合地方文化特色，加快推进冰雪场地设施建设，布局适合初级、中级、高级爱好者的各类滑雪场设施，拓展滑雪旅游空间，推动冰雪运动的普及和提高（见图 3-2）。

优化升级，打造一批高品质滑雪场。选址在北京延庆区、张家口、承德市、乌兰察布等山地区域，布局 10 ~ 15 个高端滑雪场。一是配套多种级别滑雪道。参照阿尔卑斯地区的高端滑雪场建设标准，建设集黑道、红道、蓝道、绿道于一体的滑雪场，要符合宽度、坡度要求，

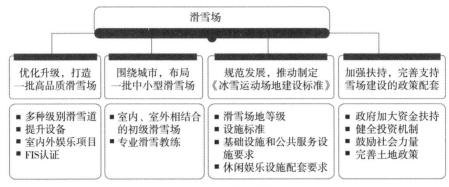

图 3-2 滑雪场发展规划

满足各类人群滑雪需求。二是配套高山索道、魔毯等提升设备，造雪机、压雪机等造雪、平雪设施。三是提供溜冰、狗拉雪橇、游泳、保健、雪地漫步、登山、滑翔伞、三角翼、室内攀岩、雪地摩托、保龄球等室内外娱乐项目。四是积极争取获得 FIS 的认证，为举办滑雪赛事等奠定基础。

围绕城市，布局一批中小型滑雪场。美国滑雪协会认为提高滑雪市场的规模必须提高初学者兴趣，将初学者转化为终身滑雪爱好者，并且防止普通滑雪爱好者放弃滑雪这项运动。为此，要加大城市周边的小型滑雪场的布局建设，专门服务于初中水平的滑雪爱好者。要重点围绕北京市区、天津市区、张家口市区、保定市区、唐山市区、秦皇岛市区等区域，建设室内、室外相结合的初级滑雪场，配备必要的滑道、提升设备、娱乐设施以及安全保障设施，同时针对初学者的需求配备专业滑雪教练提供指导。

规范发展，推动制定《冰雪运动场地建设标准》。借鉴国内外冰雪运动场地建设标准，针对我国自然环境、山形地貌特点，推动制定指导冰雪运动场地建设的标准、科学划分滑雪场地等级、各级别滑雪场的设施标准、滑道坡度宽度等标准、基础设施和公共服务设施要求、休闲娱乐设施配套要求等内容，健全冰雪运动场地设施建设与管理标准体系，推进雪场规范化、标准化发展。

加强扶持，完善支持雪场建设的政策配套。一是政府加大资金扶持，支持有条件的地区建设冰雪运动场地。二是健全投资机制，推广和运用政府和社会资本合作的模式，吸引社会资本共同参与冰雪运动设施的建设运营。鼓励支持私募股权投资基金、创业投资基金及各类投资机构对冰雪运动场地设施建设的投资。三是鼓励社会力量通过改造旧厂房、仓库、老旧商业设施等建设冰雪运动场地。四是各地完善土地政策。积极保障冰雪运动场地发展用地空间，引导冰雪运动场地用地控制规模、科学选址，并纳入地方各级土地利用总体规划中合理安排。

（二）国际冰雪文化旅游度假区

以滑雪场为依托，以地方文化为内涵，融合生态康养、休闲娱乐、主题度假等复合功能，配套国际高品质度假设施，打造一批国际一流的冰雪文化旅游度假项目（见图3-3），让度假游客能够尽情体验，充分放松自我、舒展身心，为打造东方重要的冬季旅游与人文交往中心提供空间支撑和服务保障。

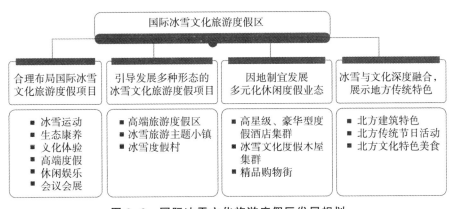

图3-3 国际冰雪文化旅游度假区发展规划

合理布局国际冰雪文化旅游度假项目。以高端滑雪场为核心依托，联动周边生态环境好、交通系统便捷、文化特色突出的区域，打造集冰雪运动、生态康养、文化体验、高端度假、休闲娱乐、会议会展等于一体的业态复合、功能齐全、设施高端的冰雪文化旅游度假项目。重点选址在延庆小海坨、张家口崇礼区、张家口张北县、承德市等山地区域，开发一批具有国际水准、突出地方文化特色的冰雪文化旅游度假项目，成为京津冀冰雪运动与文化旅游融合发展的核心板块、东方重要的冬季旅游与人文交往中心的主要承接地。

引导发展多种形态的冰雪文化旅游度假项目。一是依托山地、沟谷、温泉、文化等资源，鼓励万达、万科、探路者等有实力的房地产企业、冰雪装备制造企业投资开发冰雪文化旅游度假区，打造集冰雪运动、餐饮、住宿、休闲、娱乐、度假、疗养等于一体的高端旅游度假区。二是引导滑雪场周边乡镇，结合地方特色，植入度假业态，打造冰雪旅游主题小镇。三是鼓励和支持周边有条件的乡村，打造精致化、特色化、品质化冰雪度假村。

因地制宜发展多元化休闲度假业态。一是着力打造高星级、豪华型度假酒店集群，符合东方冬季旅游与人文交往中心的品质要求。酒店建筑外观要突出京津冀地区文化特色；酒店房间设计要突出智能化、品质化；酒店设施要凸显国际化，配套米其林级别的中西餐厅、水疗温泉、冬季日光浴场等。二是鼓励发展精致的冰雪文化度假木屋集群，配套气派、奢华的住宿设施、餐厅、温泉、艺术健身房等，内部装潢要融入地方文化元素。三是打造精品购物街，植入国际品牌精品店、星级餐厅、免税店、酒吧、书屋、艺术馆、文化体验工坊等业态。

冰雪与文化深度融合，展示地方传统特色。要将冰雪运动与地方文化旅游深度融合，在度假区的建设过程中充分尊重地方文化传统，在保留地方文化特色的基础上，融入现代化设施和服务，形成与阿尔卑斯地区文化特色互补的，具有东方文化特色的冬季滑雪度假胜地。一是在酒店建筑、度假小镇和度假村的建筑风貌上突出中国北方地区的建筑特色，同时融入现代化的元素。二是策划开展具有中国北方特色的传统节日活动，让度假游客深刻感受地方文化特色。三是提供能够反映中国北方文化特色的美食。

（三）滑雪运动学院

中国的冰雪运动正在进入产业化关键时期，"带动三亿人参与冰雪运动"给滑雪培训产业带来了无限机遇，使其迎来了迅速发展的大时代。2014年11月，魔法滑雪学院引进世界最大的滑雪教练协会——美国PSIA-AASI的滑雪教学体系，成为中国第一个正规引进国际滑雪教学体系的滑雪培训机构；2015年11月，瑞士、新西兰、奥地利、英国等滑雪教学体系陆续以不同形式引进中国；2016年2月，ISPO户外展亚太雪地产业论坛首次设置滑雪培训行业主题研讨；2016年3月4日，魔法滑雪学院邀请战略合作伙伴美国滑雪教练协会，举办第一期美国PSIA-AASI滑雪学校管理培训班。但总体而言，我国的滑雪培训产业发展尚不成熟，雪场抽成、季节与地域限制、人才缺乏等种种原因，导致滑雪培训市场仍不成熟。下一步，要以冬奥会的举办为契机，加快推动滑雪运动学院（见图3-4）的发展，促进滑雪培训产业的规范化、成熟化。

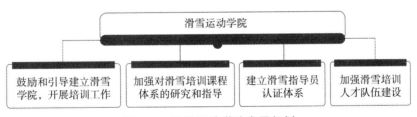

图3-4　滑雪运动学院发展规划

鼓励和引导建立滑雪学院，开展培训工作。建立针对各类冰雪爱好者的滑雪学院，为滑雪培训提供空间载体。一是依托顶级滑雪场、冰雪文化旅游度假区，建立室内外滑雪培训学院，针对初学者、中级者和高级者，开展不同级别的单板滑雪、双板滑雪、滑冰、滑板、旱冰等运动培训课程。二是鼓励扶持有条件的高等学校和职业学院设置和发展冰雪运动相关专业，开展冰雪运动培训。

加强对滑雪培训课程体系的研究和指导。组建专家委员会，借鉴美国、加拿大、新西兰、法国、瑞士等国家的滑雪培训课程体系，结合我国的冰雪产业发展现状，构建具有指导意义的冰雪运动教学体系。针对初学者、中级者、高级者，从单板、双板、越野滑雪、高山滑雪、滑冰等不同专业技能方向开发设置教学课程。

建立滑雪指导员认证体系。针对滑雪教练稀缺的问题，借鉴美国、加拿大、法国、奥地利等地的认证方法，建立我国滑雪指导员认证体系。

加强滑雪培训人才队伍建设。一是支持冰雪退役运动员从事冰雪运动教育培训工作，通过指导员认证，参与滑雪培训。二是全面加强冰雪运动的国际合作力度，积极引进符合资质的欧美高水平教师、教练员来华任教。三是实施"体育类人才公派出国留学项目"，选派有潜力的人才到欧美滑雪高水平国家学习，提升技能。

专 栏

国外滑雪指导员认证体系

一、美国 PSIA-AASI

PSIA-AASI（Professional Ski Instructors of America and American Association of Snowboard Instructors）美国滑雪指导员协会，PSIA 为双板认证，AASI 为单板认证，是目前世界上最大的滑雪指导员协会。

PSIA-AASI 目前设立了九大类的认证考试，包括双板、单板、有障碍人士双板、有障碍人士单板、越野滑雪、屈膝旋转式滑雪、儿童专家、成人专家、自由式专家。

PSIA-AASI 多数认证分为 1~3 级。1 级强调基本功，考试主要在绿道和中等难度的蓝道进行。2 级要求动作标准，考试在任何蓝道和机压过的黑道进行。3 级要求成为专家，考试不限制雪道和难度，考什么都可能。

二、新西兰 NZSIA-SBINZ

NZSIA-SBINZ（New Zealand Snowsports Instructors Alliance）新西兰雪上运动指导员联盟，成立于 1971 年，被公认为是滑雪教学体系中最完善、最全面、最严格的体系，是集国际滑雪运动指导师和教练的培训、考试、认证于一体的非营利组织。NZSIA 在进行教学时会更加注重对个人体能方面训练的培养，从而整体、全面地提高滑雪者的身体素质。

三、加拿大 CSIA-CASI

CSIA（Canada Ski Instructors Allance）加拿大职业滑雪指导员联盟，致力于为滑雪学校和滑雪爱好者培训最好的滑雪指导员。CSIA-CASI 均分为 4 级。

1 级认证：包含教学实战技巧和技术理论，合格后可以教初级水平的客人和零基础的客人。

2 级认证：帮助指导员改进情景教学的技能，对 CSIA 体系的技术与教学法有更深刻的理解。

3 级认证：帮助指导员进一步提高情景教学的技能水平，更深度理解 CSIA 的技术体系和教学法。

4 级认证：帮助指导员成为指导员培训师和指导员团队的领导。

国内外滑雪教学体系

一、英国 BASI

BASI（British Association Snowsport Instructors）英国雪上运动指导员协会，是全球四个最大的滑雪教学体系和培训机构之一。BASI 的理论课程是最全面、最详细的，也被公认为是国际滑雪教学体系中对初级滑雪者来说最简单明确的，截至目前在全球有超过 6500 名指导员。BASI 共有 6 个教学分类：Alpine（双板滑雪）、Snowboard（单板滑雪）、Telemark（屈膝旋转式滑雪）、Nordic Ski（北欧式滑雪）、Adaptive（有障碍人士滑雪）和 Coach（职业竞赛滑雪），其中单板和双板皆分为 4 个等级。

二、奥地利 ÖSSV

ÖSSV 是奥地利滑雪学校协会（The Austrian Ski School Association）的德语简写，代表着奥地利滑雪指导员协会、滑雪学校及滑雪指导员的总称，其主要任务就是设计、协调和实施滑雪指导员培养计划，打造更为专业的滑雪指导员体系。ÖSSV 通常分为 1~3 级，1 级和其他国家的体系标准类似，而 Laders1 和 Laders2 相当于其他国家的 2 级和 3 级。再往上还有 Laders3 和 Laders4，其中 Laders4 代表着最高级，并只有这个级别的滑雪指导员才能教授和监考滑雪指导员课程。

三、瑞士 SSA

SSA（Swiss Snowsports Association）瑞士雪上运动协会，与 BASI、

CSIA、NZSIA 和 PSIA 一样需要通过一系列晋级式的学习与考核。需要先通过最基本滑雪指导员教育，然后可以教孩子们初级滑雪技巧，获得初级指导员资质的指导员只可以教初学的成人和孩子，获得 2 级资质的指导员可以教具有中级水平的双板和单板客人。获得 3 级资质后，方可申请国际滑雪指导员协会的成员资格。

（四）标志性赛事与节会活动

体育赛事对于地区经济增长具有促进作用，对各行各业都有不同程度的促进作用，尤其是对经济发展作用史为明显，对经济的带动作用持续时间更为持久。国际性赛事活动更是会对城市发展起到举足轻重的作用。赛事的举办可以有效地提升基础设施建设水平，巩固提高商业旅游、金融、保险业的发展水平，会展业、新闻传媒业、物流业、信息服务业将会得到空前发展，带动餐饮宾馆零售业和房地产业迅猛发展。同时，大型赛事活动还可以提高城市形象，促进就业，提高民众凝聚力，提升城市软实力。在以国内大循环为主体、国内国际双循环相互促进的新发展格局的背景下，举办大型国际冰雪赛事将会很好地拉动消费，刺激国内、国际双循环。

目前阿尔卑斯地区、美国、加拿大等著名滑雪胜地，均已举办了世界高山滑雪锦标赛、自由式滑雪世界锦标赛、雪上高尔夫球赛、冰上赛马会等一系列国内外知名的冰雪旅游赛事。要想成为东方重要的冬季旅游与人文交往中心，京津冀地区也要打造一批节庆赛事活动（见图 3-5），提升城市形象、冰雪旅游影响力，拉动消费，带动经济增长。

积极申请举办具有国际影响力的冰雪运动赛事。争取将世界高山滑雪锦标赛、自由式滑雪世界锦标赛等国际冰雪赛事活动的举办列入

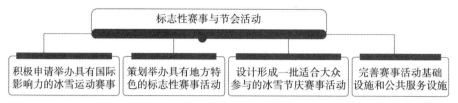

图 3-5　标志性赛事与节会活动发展规划

体育总局年度外事活动计划，并按照规定和审批权限，报体育总局或报国务院审批。通过国际冰雪赛事的举办，吸引国内外冰雪运动人士、高端商务人士集聚，拉动消费，带动地方经济增长。

策划举办具有地方特色的标志性赛事活动。由国家体育部门与京津冀地方部门联合，根据京津冀地区的滑雪场的基础条件，融入地方文化元素，利用冬奥会场馆和接待设施，策划在崇礼、延庆等区域打造 1~2 个独具特色同时可以广泛参与的标志性赛事活动，并快速形成影响力，成为国内外冰雪爱好者竞相参加的比赛。

设计形成一批适合大众参与的冰雪节庆赛事活动。由京津冀地区体育部门联合策划，组织举办类似于北京马拉松比赛、厦门马拉松比赛、环岛马拉松等赛事，以及冰雪嘉年华、冰雪旅游日、冰雪娱乐节等可以让大量群众通过旅游方式参与的冰雪节庆赛事活动，让冰雪旅游赛事提升冰雪运动的广泛性和参与度。

完善赛事活动基础设施和公共服务设施。根据赛事活动的发展需求，加快推进滑雪场、滑冰场等专业赛场的建设，为赛事活动提供场地。逐步构建冰雪运动赛事服务人才队伍，为赛事活动的举办提供专业的服务。结合赛事活动场地，加快对水电路网、环卫、Wi-Fi、通信等基础设施的建设，完善住宿、餐饮、文化体验等服务功能。

（五）重大国际交往活动

举办重大国际交往活动可以展示城市文化和城市形象，是提高城市全球营销能力的重要手段。冰雪旅游可以为各国政界首脑、高端商务人士提供政治会见、商务会见的平台。瑞士的达沃斯论坛就是以滑雪旅游为契机发展起来的。由于最初来到瑞士的游客以欧洲的高端人群为主，商务人士冬季云集在滑雪胜地，这为商务会见提供了许多便利。逐渐地，欧洲的商务人士形成了在冬季休闲的同时也进行部分高端会见的传统。世界政商最高端的年度大聚会——达沃斯论坛就是在这样的背景下发展起来的，为期5天的达沃斯论坛上，其中必定有一天是"滑雪日"。

京津冀地区要充分利用北京的首都地位带来的国际交往机会和资源，以冰雪旅游和文化旅游为载体，统筹利用好2022年冬奥会的设施资源和文化遗产，积极培育打造重大国际交往活动（见图3-6），将京津冀冰雪旅游区打造成为承担我国重大外事活动的重要舞台，吸引国际高端要素集聚，带动全球性政治、经济、科教和文化资源流入，注入国际元素，成为真正的东方重要的冬季旅游与人文交往中心。

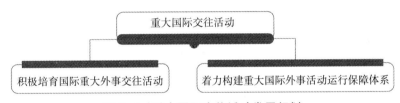

图3-6 重大国际交往活动发展规划

积极培育国际重大外事交往活动。借鉴APEC会议、"一带一路"国际合作高峰论坛、亚洲文明对话大会、中非合作论坛北京峰会、中国国际服务贸易交易会等重大外交活动的举办经验，结合国家对外开放的战略政策，依托高端冰雪旅游度假区，策划打造1~2场政界、商界领域的国际化、专业化、品牌化的重大外事交往活动。借助交往活动，让各国政界、商界精英在冬季齐聚在冰雪旅游胜地，扩大京津冀冰雪旅游区的国际影响力。

着力构建重大国际外事活动运行保障体系。加快完善国际会议会展、国际金融管理、国际文化体育交流功能，营造高品质的城市环境。

加强国际社区、涉外教育、医疗服务、防疫检疫等公共服务设施建设，全方位提升公共卫生应急管理能力，构建辐射区域、高效便捷的交通体系支撑保障。

（六）国际组织机构

国际协会联盟统计显示，正常运作的国际组织数量超过 37000 个，并且每年至少新增 1200 个。聚集国际组织总部数量列前 5 位的城市依次是布鲁塞尔、巴黎、伦敦、华盛顿、日内瓦，紧随其后的还有纽约、维也纳、罗马、哥本哈根、斯德哥尔摩等。国际组织总部"落户"，对国家和城市的发展都将起到相当大的助推作用，短时间内可以迅速提升城市的国际知名度和美誉度，树立东道国的良好大国形象，拓展国际交流与合作，而且还能促使各竞争国在吸引国际组织方面做出更多积极的努力，提供更多优惠的扶持政策，为国际发展培育良好的外部发展环境。据不完全统计，瑞士云集了 200 多个国际组织总部，每年举办数不胜数的历史文化活动、重大会议和世界知名展会，极大地推动了城市发展，扩大了城市的全球影响力，促进了经济收入、就业、城市形象、高端资源的整合和流动、文化多样性和人文环境等方面的发展。

目前，北京有国际竹藤组织、上海合作组织、联合国可持续农业机械化中心、国际数字地球学会、金砖国家开发银行、亚洲基础设施投资银行、联合国教科文组织教师教育中心七个国际组织总部。但鉴于国际组织总部入驻在我国现行的严格审批程序，因此建议通过加大力度改善京津冀地区的国际化环境，优化基础设施建设，提升冰雪运动和文化旅游的影响力，扩大城市的国际知名度，吸引相关的研发中心、培训基地等类型的国际组织机构或区域性（如东亚地区）国际机构入驻，带动城市形象、经济、文化软实力等各方面的快速发展。引进国际组织总部的要点如图 3-7 所示。

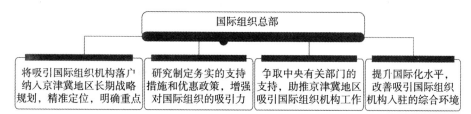

图 3-7　引进国际组织总部的要点

将吸引国际组织机构落户纳入京津冀地区长期战略规划，精准定位，明确重点。从战略上重视吸引国际组织机构落户工作，将其作为提高国际化水平的重要抓手，利用京津冀一体化的体制机制优势，纳入长期战略规划，并结合国际组织选择驻在地的基本条件，科学编制相关规划。吸引国际组织机构落户工作是一项长期的系统工程，需要持续不断的投入，要找准定位和目标，明确重点。结合冬奥会的冰雪运动设施资源、会议会展设施设备，发挥首都的开放优势，吸引国际经济、教育、科研、环保等各类国际组织机构入驻，互通信息，相互开展互补合作。

研究制定务实的支持措施和优惠政策，增强对国际组织机构的吸引力。京津冀联合研究制定吸引国际组织机构落户方面尚未出台具体的支持措施和优惠政策，同时积极争取相关部门结合京津冀地区实际情况、根据相关规划部署，制定拟提供给落户的国际组织机构的支持措施和优惠政策。如在崇礼、延庆等地建造专供国际组织机构使用的办公大楼，象征性地收取租金；免费提供办公设备；为国际组织机构雇员在当地住房、子女入学、家属工作等生活事宜方面提供便利；对国际组织机构在本地举办国际会议给予一定的财政支持等。

继续争取中央有关部门的支持，助推京津冀地区吸引国际组织机构工作。通常选择在华落户、设立长期办事机构或分支机构的国际组织都是往来中国多次，确因工作需要才选择落户或增设机构，对华情况基本比较了解，与中央相关业务部门联系密切。因此，无论是了解国际组织信息和动向、接触和积累相关国际组织人脉资源，还是游说国际组织机构选择在京津冀地区落户，都需要中央相关业务部门的大力支持和密切配合。要主动对接中央相关部门，推动国际组织机构在我国举办的专业会议等放在崇礼、延庆等地举行，安排重要行业领袖、专家、学者访问，为展示京津冀地区自身优势、接触国际组织机构和积聚人脉资源、宣传优惠条件创造条件。

不断提升国际化水平，改善吸引国际组织机构入驻的综合环境。驻在地的国际化水平是国际组织选择驻在地的一项重要指标。必须持续不断地修炼内功，将提升国际化水平作为长期目标不动摇，在硬件建设、软件服务、公共管理、国际化人才培养和引进、语言环境等经济社会的方方面面继续加大投入力度，加快京津冀地区国际化进程，改善吸引国际组织机构入驻的综合环境，营造对国际组织机构有吸引力的国际化氛围。

（七）冰雪装备制造产业园

冰雪装备器材产业作为冰雪产业的主要细分领域之一，是我国冰雪产业发展中存在的一大短板。当前，全球冰雪装备器材的供应商主要集中在美国、奥地利、意大利、荷兰等冰雪运动比较成熟的国家，冰刀领域中荷兰的 Viking（海盗）、Maple（枫叶）等是众多滑冰运动员的首要选择，奥地利的 Atomic（阿托米克）、Fischer（费舍）、Head（海德）等品牌占据滑雪单双板中高端市场，SMI 雪神（美国）、TechnoAlpin（意大利）、Sufag/Areco（法国）等造雪机品牌是我国主要引进品牌。我国冰雪运动起步较晚，冰雪装备制造业企业较少，尚未形成具有国际影响力和知名度的品牌企业，市场占有份额较低，与欧美冰雪旅游发达国家相比存在较大差距。

2022 年冬奥会的举办给我国冰雪产业带来快速发展的黄金期，要借势而为，依托京津冀及周边拓展地区，推动冰雪装备制造产业（见图 3-8）做大做强。

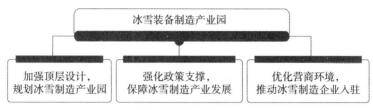

图 3-8　冰雪装备制造产业园发展路径

加强顶层设计，规划冰雪制造产业园。以张家口高新区冰雪运动装备产业园等项目的建设为引领，加快推动北京、天津、河北、内蒙古各地成立冰雪产业推进办公室，统筹谋划，在承德、天津、延庆、内蒙古等地规划建设冰雪装备制造产业园。研发和生产造雪机、索道、滑雪板、滑雪服、眼镜和头盔等冰雪装备。

强化政策支撑，保障冰雪制造产业发展。京津冀蒙各地加快建立推动冰雪产业发展的办公室或领导小组。研究制定优先保障项目发展用地，提供产业发展资金支持和人才奖励等支持冰雪装备制造产业发展的措施。

优化营商环境，推动冰雪制造企业入驻。各地应注重加强服务，出台招商优惠政策，包括减免房租、减免税收等政策措施，优化冰雪制造业发展的营商环境，吸引冰雪装备制造产业入驻。打造冰雪科技企业孵化器，为初创期冰雪装备企业提供工作场所、运营服务、创业指导等一条龙服务。

（八）"冰雪+文化"产业集群

产业集群是指在特定区域中，具有竞争与合作关系，且在地理上集中，由交互关联性的企业、专业化供应商、服务供应商、金融机构、相关产业的厂商及其他相关机构等组成的群体。"冰雪+文化"产业集群（见图3-9），是以冰雪产业和文化产业为主导，通过冰雪运动和文化旅游等活动带动由上下游产业和横向相关产业组成的产业体系与产业群体的聚集与集成。

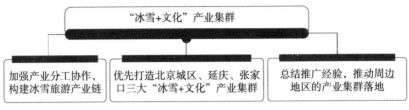

图3-9 "冰雪+文化"产业集群发展路径

加强产业分工协作，构建冰雪旅游产业链。积极推进冰雪产业内容、业态和商业模式的创新，强化政策引导，推动产业合理布局，差异化布局滑雪场、高端度假项目、文化体验活动、大型国际交往活动、国际性赛事、冰雪培训、冰雪装备制造、文化创意、体育服务等产业业态，将各地的优势充分发挥出来，构建冰雪旅游产业链，形成大冰雪旅游产业体系，促进冰雪产业规划发展，延伸冰雪产业价值，成为全球冰雪旅游产业高地。

优先打造北京城区、延庆、张家口三大"冰雪+文化"产业集群。借助冬奥会的契机，围绕北京城区、延庆和张家口着力打造三大"冰雪+文化"产业集群，形成示范和带动作用。北京城区主要利用首钢园区、奥运园区等冰雪运动设施和相关文化资源，以高端时尚和大众参与为特色，完善专业赛事、冰雪运动、休闲体验、文化展示等活动和产业链，集聚形成城市冰雪和文化产业群。延庆围绕小海坨、妫水两大核心区，融入延庆地方特色文化，构建具有延庆特色的以冰雪运动为核心，以文化旅游为补充，融合文化体验、休闲度假、冰雪文化、会展商贸、冰雪培训、节庆赛事、健康养生、装备制造等产业，不断扩展产业范围，聚集形成冰雪和文化创意产业集群。张家口以崇礼为核心，以高新区和宣化区冰雪产业园为主导，融入地方文化元素，构建形成冰雪运动装备研发制造销售、冰雪运动、文化旅游、教育培训、赛事服务等"冰雪+文化"的全产业链集群，带动形成资金、人才等要素的集聚。

总结推广经验，推动周边地区的产业集群落地。总结推广延庆、张家口的发展经验，推动承德、廊坊、唐山、秦皇岛、天津、乌兰察布等地打造一批"冰雪+文化"产业集群。重点要在当地培育 2~3 个规模较大、产业带动能力较强的企业形成中心；以冰雪运动和文化旅游为核心主导，配套出台支持政策，鼓励相关技术、设备、产品投资商、配套服务商进入，逐步形成产业链；加快与市场信息、销售渠道、研发设计、装备制造、产品制造、金融、物流、电子商务等服务产业有机结合，形成以市场为核心的大产业集群。

第四章

发展战略与举措

从区域一体化、区域品牌化、区域国际化、区域市场化四个方面，提出了加快推进北京、张家口冰雪体育运动和环京冰雪旅游发展的战略和举措。

一、加快推进区域一体化发展

现代旅游业发展趋势和国内外旅游目的地建设经验表明，打造一个统一的旅游目的地，特别是国际旅游目的地，内部的区域旅游一体化发展是首要前提。旅游一体化打造大区域旅游目的地，以多点代替单点效应，实现资源共享、产品共建、品牌共铸、效益共赢，是当下旅游业发展的必然趋势。要整合京津冀、带动华北、辐射东北的冰雪和文化旅游资源，打造东方重要的冬季旅游与人文交往中心，首先需要从旅游区域协作层面上升为打破行政界限、构建有机统一的完整旅游目的地，解决好北京及周边地区的资源联动、协同发展问题，研究区域内部的整合协同机制和具体的实现路径。推进京津冀地区冰雪运动与文化旅游一体化发展的重要举措如图 4-1 所示。

搭建环北京地区冰雪旅游线上服务总入口　举措六
举措一　强化政府间合作，实现协调发展
构建环北京地区冰雪旅游集散服务体系　举措五
加快推进区域一体化发展
举措二　做好顶层设计，统筹推进区域发展
打通环北京地区冰雪旅游交通网络体系　举措四
举措三　建设环北京地区冰雪旅游行业联盟

图 4-1　推进京津冀地区冰雪运动与文化旅游一体化发展的六大举措

（一）强化政府间合作，实现协调发展

一是强化北京、天津、河北、山西、内蒙古政府部门的交往与合作，努力促成建立推动区域冰雪运动与文化旅游融合发展的专题小组和办公室，共商冰雪文化旅游发展思路，明确发展目标，确定具体的行动举措。由北京牵头成立冰雪运动与文化旅游融合发展联席会议，将北京、天津、河北、山西、内蒙古等地区的冰雪和文化领域相关地区纳入联席会议范围，定期就区域交通互联、产业互动、产品共建等重大问题进行协商。

二是政企联合行动，共同推进区域冰雪旅游发展。建立以政府为引导，市场为主导的推进机制，相互配合，推进环北京地区冰雪旅游产业的有序健康发展。由政府建立推进冰雪与文化旅游融合发展的相关政策体系，发挥市场对资源的配置功能，联合推进。

（二）做好顶层设计，统筹推进区域发展

坚持中央统筹、省区市负总责、各地区抓落实的工作机制，统筹安排环北京地区冰雪运动与文化旅游融合发展的建设制度、规划、政策等设计，统筹推进区域的冰雪和文化旅游融合发展进程，形成良性发展态势。

一是构建统一的"1+N"规划体系。充分认识到规划对产业发展的指导作用，加快建立不同等级、具有指导意义的冰雪运动与文化旅游融合发展的"1+N"规划体系。"1"是指编制《环北京地区冰雪运动与文化旅游融合发展规划》，"N"是指各项专项规划和实施规划。通过各项规划编制统一思想、理清思路、凝聚共识、协同行动，形成一整套务实管用的政策措施。以国家体育总局、国家文化和旅游部等部门为主导，组织高水准编制《环北京地区冰雪运动与文化旅游融合

发展规划》，统筹谋划好环北京地区冰雪运动与文化旅游融合发展的战略、发展定位、重点项目、重大举措、制度保障措施等。在总体规划的引领下，突出功能性、实用性，组织编制冰雪旅游和文化旅游的国际营销系统、旅游公共服务体系、冰雪产业体系等专项规划和地方实施方案，形成上下互动的规划体系。加强规划指导和管控约束，对凡不符合规划要求的建设项目、空间布局、工作计划、实施步骤等，都要按照规划要求及时调整。

二是实施旅游项目一体化管理服务。统一冰雪与文化旅游项目准入，实施负面清单和红线、底线管理。以环境准入清单、项目建设用地控制标准、规划建设导则等形式，施行统一的环保排放、产出绩效、建设标准管理。统一审批，统筹推进跨区域项目，推进行政审批制度改革，打通投资项目"一网通办"渠道，优化跨区域投资项目的审批、核准和备案管理程序。对政府投资项目按照"谁出资、谁负责"的原则加强管理。探索实施环京地区冰雪旅游项目在统一的项目在线审批监管平台办理，统一受理、并联审批、实时流转、跟踪督办。

三是实施动态化监管和评估。将总体规划成果融入环京地区各省区市"多规合一"的信息管理平台，实现各类规划在规划体系、空间布局、数据底板、技术标准、信息平台和管理机制等方面的统一。京津冀、内蒙古、山西部分地区加快建设全覆盖、全过程、全系统的规划信息综合应用平台，理顺管理机制和业务流程，明确管理目标和标准，建立规划信息化管理的规程体系，以信息化促进管理精细化。联合建立规划实施动态监测、定期评估和及时维护制度，对总体规划中确定的各项指标进行跟踪监测，及时了解和评估规划目标实现程度。联合建立年度监测以及重点领域专项评估组成的监测评估机制，规划核心指标应纳入考核评价体系。根据评估结果及时调整相关实施策略，并指导近期建设规划、年度实施计划的编制，实现规划动态维护。

（三）建设环北京地区冰雪旅游行业联盟

借势冬奥会，面向国内外冰雪领域业界，吸引滑雪场、滑雪装备、旅行社、冰雪旅游景区、旅游度假酒店、体育、投资等冰雪相关行业，成立环北京地区冰雪旅游行业联盟，联合上下游增强产业内在韧性和自身实力，扩大冰雪运动的影响力。

一是加快研究制定形成冰雪旅游产业联盟公约或章程，公约对于冰雪旅游产品共建、共同宣传推广、冰雪人才互通、冰雪产业链构建、冰雪旅游产业支持政策等方面达成共识。

二是设立联盟理事会，负责公约的实施和履行，并且在冰雪旅游产业范围内强化成员内合作，增强成员单位凝聚力，加强对冰雪旅游领域的研究，推动新技术、新模式的分享。

三是定期举办行业联盟大会，共同研究北京、天津、河北、内蒙古等地的冰雪运动与文化旅游产业发展战略，统筹策划制定行业标准，开展旅游推广及营销支持，共同谋划旅游产品线路，开展人才交流和技术培训，开展行业自律活动，促进环京地区冰雪与文化旅游融合发展，促进产业规范化、特色化、专业化、集群化、规模化发展，推动产业不断发展、壮大。

四是加强行业自律，建立健全统一管理制度，推进标准化发展。围绕建设东方重要的冬季旅游与人文交往中心的目标，针对冰雪旅游景区、旅行社、酒店等各个涉旅行业建立一套完善的服务标准体系，全面提升和规范环京地区冰雪和文化旅游的服务品质。

（四）打通环北京地区冰雪旅游交通网络体系

现代旅游业的产生发展与现代交通业的发展是紧密相连的，旅游交通便利程度，不仅是开发旅游资源和建设旅游地的必要条件，还是衡量旅游业发达程度的重要标志。冰雪旅游大发展的时代，旅游交通体系的快速完善对冰雪旅游区的可进入性有着决定性的作用。冰雪旅游区大都处在山区，交通设施建设稍欠发达，要以冬奥会的举办为契机，不断推进环北京地区冰雪旅游交通网络体系的建设，构建"零距离"换乘、便捷顺畅的一体化旅游交通服务体系，提升冰雪旅游区的可进入性，增强旅游区之间的互联互通，强化交通枢纽与旅游区的无缝衔接。

一是推进国际级机场群建设，拓展环北京地区国际旅客进入通道。加快推进张家口、石家庄、天津、秦皇岛等地的机场扩建工程，重点做好机场扩容，完善入境通关通道、配套交通换乘中心及相关附属设施，满足更多国际航班起落需求。

二是加密国际航空网络，拓宽国际航班的覆盖区域。增加环京地区机场至世界主要客源国、客源城市的国际航线航班，织密国际航空网络，为打造东方重要的冬季旅游与人文交往中心提供国际交通支持。支持运营国际航线的航空公司充分利用代码共享、战略合作、契约式联营和航空联盟等手段，大力拓展河北张家口、天津等机场的国际客运航线。支持有条件的城市主动对接国外航空公司，引导申请进入中国市场的国外航空公司直飞京津冀地区机场，利用第五航权开拓国际航线，拓展国际联程业务。

三是积极推进轨道交通建设。对接东方重要的冬季旅游与人文交往中心的发展需求，立足长远、开阔视野、放大格局，建设联通机场、高铁站、滑雪场、度假区、文化旅游景区的城际轨道交通体系，构建一体化城际快轨交通通廊，满足城市居民和国内外冰雪旅游游客和商务人士的出行需求。以城际铁路的建设推进环北京地区冰雪运动与文化旅游一体化交通体系的构建，改善旅游目的地的可进入性，引导国内外游客从北京、天津、河北的交通枢纽向各地分流，促进区域内部的旅游要素的流动，增强城市之间的冰雪运动和文化旅游黏合度，提升环北京地区冰雪旅游的整体竞争力。

一方面，积极推进城际轨道交通的规划，加快推进线路选址。将打造城际轨道交通作为建设东方重要的冬季旅游与人文交往中心的重要内容，并将其纳入国家和北京、天津、河北各地的交通规划和交通重点项目建设中去。在京张高速铁路的基础上，延长城际铁路的线路，结合未来发展需求，增设靠近滑雪场和冰雪旅游度假区的站点。积极推进河北、内蒙古、天津等地的滑雪场与机场、火车站等交通枢纽的城际铁路建设，结合冰雪旅游区项目建设布局，规划线路选址。

另一方面，完善旅游功能，提升旅游交通集散服务能力。完善京张铁路的旅游集散服务功能，在北京北站、八达岭站、张家口站，以及未来规划建设的城际铁路的枢纽站点，要配套建设冰雪运动与文化旅游的咨询服务中心，为游客提供旅游咨询、游线设计、酒店预订、滑雪设备租赁等服务。吸引汽车租赁服务公司入驻，为游客开展自驾车租赁服务。城际铁路每个站点开通直达周边景区的公交旅游专线。站点设计要融入地方文化元素，强化旅游目的地形象。借助城际铁路，利用平面广告、移动电视等渠道开展环北京地区冰雪运动与文化旅游的营销推广。

（五）构建环北京地区冰雪旅游集散服务体系

重点从现有旅游集散服务中心之间的合作为切入点，推进旅游集散服务体系一体化建设，构建便捷、舒适、高效的冰雪旅游集散服务体系。构建覆盖主要冰雪旅游中心区、重点冰雪旅游景区、机场、车站、高速公路服务区等地的旅游咨询中心体系。

一是建立北京首都机场、太子城高铁站2个一级旅游集散中心。北京首都机场、太子城高铁站设立服务于北京、河北、天津、内蒙古冰雪运动与文化旅游的国际旅游集散服务中心，重点提供冰雪旅游咨询、交通集散、自驾服务、文化体验等功能。重点做好在现有集散服务中心的基础上，设立服务于国内外冰雪旅游者的服务中心，要针对打造东方重要的冬季旅游与人文交往中心，专门增设外国游客集散中心、多语种咨询服务中心，为组团或单独旅游、参加会议会展的国际游客提供一体化、中心式便捷服务和无障碍的集散服务。以国际旅游集散中心为依托，承接自驾游公共服务功能，打造集旅游集散、旅游综合服务、文化旅游展演体验等于一体的自驾游综合服务枢纽。

二是河北、天津的机场，以及北京、天津、河北、内蒙古重要冰雪旅游城市的高铁站建设二级旅游集散中心。打造集冰雪旅游的旅游集散服务、异地订票、旅游购物、特色小吃、非遗展示、自驾游服务等于一体的旅游集散枢纽，成为环京地区冰雪运动和文化旅游的形象展示窗口、信息服务平台。重点是针对旅游集散服务，配套客运站、公交车站、停车场、自驾车服务中心、汽车租赁中心等交通服务设施。围绕旅游咨询服务，配套旅游信息咨询台、票务预订中心、旅游投诉窗口、旅游安全救援中心、休息大厅，提供免费冰雪运动与文化旅游的宣传材料发放、线路咨询订制、导游预约服务、购票等服务。植入文化展示功能，配套文化演艺中心、4D 体验影院、民族文化展示基地等，设置室外 LED 屏播放旅游宣传片。

三是在交通枢纽、高速公路服务区以及各重要旅游项目节点游客集散换乘区域设置三级旅游集散与咨询服务中心。配套触摸屏、冰雪旅游宣传材料、冰雪旅游地图、冰雪旅游交通地图、美食地图等信息咨询服务资料，提供旅游公共交通接驳服务，完善旅游厕所、旅游购物等服务设施。

（六）搭建环北京地区冰雪旅游线上服务总入口

近年来，"互联网+"智慧旅游的建设和应用愈加广泛。为进一步推进环京地区冰雪运动与文化旅游融合发展，要从游客旅游体验的角度，围绕构建完整旅游目的地智慧服务的目标，以京津冀一体化、"新基建"等战略为依托，以北京、天津、张家口、内蒙古各地旅游大数据平台为基础，以构建冰雪旅游目的地和冬季旅游与人文交往中心为目标，搭建环北京地区冰雪旅游线上服务总入口，形成互联互通的区域性线上服务平台。

一是研究讨论搭建"环北京地区冰雪旅游"服务平台，并与京津冀和周边省级智慧旅游平台相联通。线上服务平台要与北京、天津、张家口、内蒙古等地的滑雪场、冰雪旅游度假区、冰雪度假小镇等小程序互联互通、数据共享，全面覆盖环京地区的冰雪与文化旅游精品线路、景区购票、酒店预订、美食推荐、旅游攻略、滑雪装备租赁、滑雪运动注意事项等，为游客提供一体化线上服务平台。

二是实施环北京地区冰雪旅游二维码遍及工程。国家体育总局、国家文化和旅游部，京津冀和内蒙古、山西各省区市级体育运动与旅游部门，延庆区、崇礼区等冰雪旅游重点区域，共同推广线上总入口。将"环北京地区冰雪旅游"小程序二维码广泛张贴于各地的交通集散地、重要景区点、旅游商业街区、酒店、旅行社等处，方便游客无障碍访问旅游线上总入口。在京津冀、内蒙古、山西省区市级层面和延庆、张家口等重点冰雪旅游区的宣传材料、logo 名片等，共推环北京地区冰雪旅游二维码，给国内外游客真正营造冰雪旅游目的地和冬季旅游与人文交往中心的整体形象和服务入口。

三是以智慧旅游探索构建环京地区冰雪旅游区域性一体化运营平台。以环北京地区冰雪旅游的线上一体化运营为切入点，将区域内的冰雪运动和文化旅游相关的景区、酒店、旅行社线路、旅游租车、导游等整合为统一的线上运营平台，做好与携程、飞猪、去哪儿等 OTA 的衔接合作，为游客提供全程一站式预订，以此探索冰雪智慧旅游区域性一体化运营新模式。

二、加快推进区域品牌化发展

品牌化是建设东方重要的冬季旅游与人文交往中心的关键路径，是提升京津冀乃至华北地区冰雪和文化旅游国际吸引力、增强旅游市场竞争力的重要手段，是促进东方重要的冬季旅游与人文交往中心、京津冀地区冰雪旅游走向世界的重要驱动力。冬季旅游与人文交往中心的品牌化打造，要以冰雪运动为核心，整合区域文化和生态旅游资源，构建层次清晰、主题明确、推广有力的国际旅游目的地品牌体系，以国际化品牌引领东方重要的冬季旅游与人文交往中心的建设。加快推进区域品牌化发展的重要举措如图4-2所示。

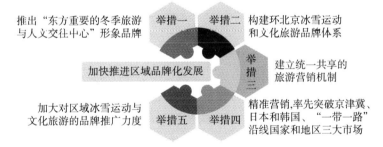

图4-2 加快推进区域品牌化发展的五大举措

（一）推出"东方重要的冬季旅游与人文交往中心"形象品牌

借势北京冬奥会，立足北京延庆、张家口崇礼等地的高品质滑雪场设施，结合北京、天津、河北、内蒙古厚重的历史文化和少数民族文化，发挥北京首都的开放包容的优势条件，打造"东方重要的冬季旅游与人文交往中心"的冰雪运动旅游品牌，使之成为环北京地区冰雪运动与文化旅游融合发展的 IP。

一是"冬季旅游"是环北京地区冰雪运动与文化旅游目的地的核心吸引物，冬季滑雪运动是核心吸引物，同时也是延伸产业的重要切入点，文化旅游是与滑雪运动相互配合的旅游目的地产品，因此这个必须突出"冬季旅游"。

二是"东方重要的"是环北京地区冰雪运动与文化旅游发展的内在要求，也是发展目标，就是要用国际视野、世界水准把环北京地区的冰雪旅游和人文旅游深度融合，建设成为国际性的旅游目的地和人文交往中心，而不是全国性和区域性的旅游目的地，因此这里必须突出国际化。

三是"旅游与人文交往中心"是目的地的本质内涵，也是终极目标，是要打造追赶阿尔卑斯地区的东方冬季旅游与人文交往中心。

（二）构建环北京冰雪运动和文化旅游品牌体系

充分发挥品牌引领作用，推出冰雪旅游景区、精品旅游线路、节庆赛事活动、国际交往活动的系列品牌，形成支撑"环北京全球冬季旅游与人文交往中心"形象的旅游品牌体系。

一是构建冰雪旅游景区品牌体系。依托环北京地区的高品质冰雪旅游设施，推出若干品牌冰雪旅游景区，包括北京石景山区、延庆区、崇礼区等地的高品质滑雪场、冰雪旅游度假区等，打造世界知名冰雪旅游胜地，成为"东方重要的冬季旅游与人文交往中心"的重要支撑载体。

二是构建冰雪运动与文化旅游线路品牌。北京、天津、张家口、内蒙古等地应该深化旅游合作，统筹利用冰雪运动与文化旅游资源，以冰雪旅游为核心，突出各地资源特色，以高品质冰雪旅游度假区和滑雪场为依托，整合故宫、八达岭、十三陵、草原天路、天津古文化旅游街区等景点文化旅游景区，统筹策划冰雪运动、民俗文化体验、生态旅游、长城文化体验等主题精品线路。

三是构建冰雪节庆赛事品牌。充分利用冬奥会场馆设施，推进对会议会展中心、星级酒店的建设，报请国家体育总局，组织举办具有国际影响力的冰雪赛事活动；北京、河北要积极组织承办全国性、地方性的具有影响力的冰雪赛事活动。同时，强化冰雪运动与文化旅游的深度融合，策划一批具有北方特色的冰雪与文化旅游节庆活动。

四是构建国际文化交往活动品牌。积极推进对研发中心、培训基地等多种类型国际组织机构的引入，配套一批高品质的会议设施和会议服务团队，依托国际组织机构和优质的服务设施，组织举办国际文化交往活动。争取打造 10~20 个具有国际影响力的国际会议品牌。

（三）建立统一共享的旅游营销机制

整合京津冀乃至华北地区的文旅部门、体育部门，深化合作，构建多层次、分等级、有分工的多元营销主体，系统推进各项营销推广工作。

一是成立环北京地区冰雪运动与文化旅游营销委员会。在环北京地区冰雪旅游行业联盟之下，整合北京、天津、河北、内蒙古旅游营销资源和队伍，建立环北京地区冰雪运动与文化旅游营销委员会，对旅游形象体系确定、国内外旅游市场推广和营销的重大活动和部署进行统一决策。

二是利用环北京地区冰雪旅游行业联盟加强整合营销。借助由北京、天津、河北、内蒙古等的重点冰雪旅游企业、文化旅游企业、冰雪运动协会以及旅游行业组织形成的冰雪旅游行业联盟及其下属的冰雪运动与文化旅游营销委员会，按照"政府营销形象、企业营销产品"的基本原则进行营销分工，加强对区域冰雪旅游的营销资源整合，设计和组织若干重大营销举措，共同推广环京地区冰雪旅游大品牌。

三是建立环北京地区冰雪运动与文化旅游形象推广站。依托国家文化和旅游部驻外旅游办事处和海外文化交流中心，在海外主要客源地设立环北京地区冰雪运动与文化旅游形象推广站，共同开展宣传推广工作。

四是建立冰雪运动与文化旅游统一营销基金。整合国家级、省区市级的旅游营销专项资金，以及相关冰雪和文化旅游企业、协会、组织或个人等社会资金，形成环北京地区冰雪运动与文化旅游营销专项基金，保障国内外各类营销活动顺利开展，支持一揽子品牌推广扶持项目，支持集中推广和营销，以扩大影响效果。

（四）精准营销，率先突破京津冀、日本和韩国、"一带一路"沿线国家和地区三大市场

一是制定京津冀冰雪与文化旅游市场推广十年发展计划。京津冀地区距离延庆、张家口等冰雪旅游目的地较近，人口众多，旅游消费能力强，是环北京地区冰雪旅游发展的基础市场，要想实现"带动三亿人参与冰雪运动"的目标，京津冀冬季旅游市场的突破非常重要。由京津冀三地体育部门和文化旅游部门牵头，以冬奥会的举办为契机，制定针对京津冀冰雪旅游市场推广的十年发展计划和行动方案，设立专项资金用于冰雪旅游推广。近期，要借势冬奥会，积极推广北京市石景山区、延庆区、河北省张家口市的冬奥会场馆及冰雪运动配套设施，扩大冰雪运动的影响力。中远期，要将冰雪运动与冬季文化旅游相结合，利用地面广告、网络媒体、节庆活动、赛事活动等进行广泛推广。

二是日本和韩国冰雪与文化旅游市场突破计划。日本、韩国冰雪旅游需求旺盛，但其本土冰雪运动和冰雪旅游发展基础都较好，是环北京地区冰雪运动与文化旅游的重要竞争市场。要充分利用好冬奥会的影响力，针对日本、韩国的旅游消费特点和消费需求，制定具体的突破计划。要根据日韩冰雪旅游消费者的需求，努力优化我国滑雪运动场地的品质，配套国际一流的冰雪度假服务设施，提升冰雪旅游体验感。制定出台针对日本、韩国市场的奖励刺激政策，实施针对日本、韩国的冬季冰雪旅游包机服务。突出京津冀地区的文化特色，策划打

造具有地域特点的冰雪与文化主题旅游线路，以吸引日本、韩国游客，逐渐撬动日本、韩国冰雪旅游市场。

三是"一带一路"沿线国家和地区冰雪与文化市场推广专项工作。随着"一带一路"倡议的不断实施，我国与"一带一路"沿线国家和地区的友好关系不断加深，我国与"一带一路"沿线国家和地区的旅游交往活动不断增多，因此，要将"一带一路"沿线国家和地区作为重点市场进行突破。要针对"一带一路"国家和地区的气候、民俗特点，针对其推出冰雪、文化等差异化的旅游产品。利用与"一带一路"沿线国家和地区的友好关系，积极开展旅游年活动，将冰雪旅游推广出去。将"一带一路"的高级别的论坛、峰会的举办地放到延庆、崇礼、石景山等高品质冰雪旅游度假区举办，让国内外政界、商界人士齐聚，扩大知名度和影响力。

（五）加大对区域冰雪运动与文化旅游的品牌推广力度

采取事件营销、网络营销、深度营销、奖励营销等方式，加强国际品牌推广，大大提升区域冰雪运动与文化旅游在全国乃至全球的品牌知名度和影响力。

一是创新事件营销。以冬奥会为契机，利用国家体育总局、国家文化和旅游部、国际组织以及其他部门开展的重大对外交流活动事件，依托各类特色节庆节事、展会论坛、推介会及热门影视节目等进行旅游宣传，可由中央部门或国际组织共同举办，以扩大影响力。

二是扩大网络营销。深入做好新媒体营销，创新"网红+直播""节庆+微营销""微电影""微网微商"等新型旅游营销方式。充分利用微信、微视频、手机 APP 等新媒体、新技术，整合资源，形成强大的冲击力和轰动的宣传效果。探索建立线上滑雪 APP，为滑雪爱好者提供一个交流经验技巧、聊赛事、侃心情、约比赛的平台，同时也是一个宣传推广的营销窗口。

三是强化深度营销。邀请专家智库参与拍摄和投放冰雪运动相关纪录片，策划北京、河北、天津、内蒙古的文化特色体验项目，积极组织举办具有国际影响力的外事交往活动，深化品牌内涵。

四是实施奖励营销。制定出台促进旅游市场与招徕游客的相关奖励办法，对引进和输送游客成绩突出的旅行社给予奖励；对在主要客源市场开展推广营销成绩突出的旅游企业给予奖励；对策划推出环北京地区冰雪运动与文化旅游热门线路和特色新产品的旅游企业给予奖励；对各地举办的重点旅游节庆活动和旅游宣传推介给予奖励。

三、加快推进区域国际化发展

在全球一体化的背景下，国际间经贸交流、旅游交往、文化互动日益密切，旅游国际化成为当今全球旅游业发展的主旋律。推进国际化发展，是提升区域旅游国际化水平、打造东方冬季旅游与人文交往中心的重要战略途径。必须按照建设国际旅游城市的标准和要求，大力推进目的地对外开放，完善国际旅游出入境政策，优化国际旅游消费环境，拓宽国际旅游消费空间，创新国际旅游交流平台，全面提升京津冀乃至华北地区冰雪运动和文化旅游的国际化水平。加快推进区域国际化发展的重要举措如图4-3所示。

图4-3 加快推进区域国际化发展的五大举措

（一）扩大对外开放水平

外国游客过境免签证政策是世界各国实施的免签制度中的一项内容，是指外籍人士依据过境国的法律或有关规定，从一国经转该过境国前往第三国时，不必申请过境国签证即可过境，并可在过境国进行允许短暂停留的政策。目前中国的过境免签，包括 24 小时过境免签、72 小时过境免签和 144 小时过境免签，对外过境免签的国家通常为 53 个。

目前，北京地区的外国游客过境免签政策是北京市、天津市、河北省将联动实施部分国家的人员 144 小时过境免办签证。符合政策条件的旅客可以选择从天津滨海国际机场口岸、天津东疆国际邮轮母港口岸、北京首都国际机场口岸、北京铁路西客站口岸、河北石家庄国际机场口岸及河北秦皇岛海港口岸中的任一口岸入境或出境，免办签证，并可在北京市、天津市、河北省行政区域内免签停留 144 小时。

冰雪旅游度假的时间一般比较长，目前 144 小时的免签停留时间难以满足游客畅玩冰雪、深入游览环北京地区名胜古迹、体验历史文化以及开展短期商务活动等各个方面的需求。要打造东方重要的冬季旅游与人文交往中心，要在目前的出入境政策基础上，扩大过境免签的范围、延长过境免签停留时间。可借鉴海南国际旅游岛的开放政策，探索将免签国家扩大到 59 个，过境免签时间延长到 15~30 天。

（二）大力培育国际旅游消费新空间

针对冬季旅游的特点，面向国内外游客，在冰雪度假、冰雪运动、文化体验的基础上，不断适应国内外游客旅游休闲、娱乐消费新需求，拓展旅游消费空间，培育旅游夜间消费，发展新型旅游消费业态，提升国际旅游消费水平，刺激和拉动经济发展。

一是拓展国际旅游消费空间。依托北京、天津、张家口等地的历史街区，围绕北京大栅栏、南锣鼓巷、798文化街区、延庆永宁镇、天津古文化街、张家口堡历史文化街区、大境门历史文化街区等地，加快植入国际业态，打造国际文化旅游消费集聚区。

二是打造一批旅游夜间消费场。夜经济是国内外游客选择目的地的重要影响因素之一。围绕北京、天津、河北、内蒙古的城市街区打造一批夜经济消费集聚区。结合城市亮化工程，针对重点夜间消费区，做亮夜间景观，利用灯光带来人流，拉动商业销售额。植入特色餐饮设施、剧场、演出、文化秀、灯光秀等夜间消费业态。

三是鼓励开发满足外国游客需求的新型消费业态。鼓励开放适应外国消费需求的旅游演艺、特色商品店、文创商品店、文化主题餐厅、地方美食街区、特色文化演艺剧场、酒吧街、小型艺术馆、特色博物馆等业态，提升国际旅游消费水平。

四是增设外币兑换服务点。鼓励各外汇指定银行在涉外酒店、机场、口岸附近、外国人聚居地、旅游景点、中心商务区和商业聚集地等周边区域拓宽外币现钞兑换网点的覆盖面，增设小币种兑换服务，提升外币现钞兑换服务的水平和效率。有效利用柜台网点为境外个人提供外币现钞兑换服务，满足境外个人外币现钞和人民币现钞之间的互兑需求。鼓励银行机构在重点区域设置自助兑换设备，包括外币兑换机、支持兑换业务的ATM。支持开办网上银行办理兑换业务。

五是开展入境游客移动支付试点。由国家体育总局、国家文化和旅游部、商务部，以及京津冀各地区相关文旅部门、商务部门、出入境管理部门，联合腾讯金融科技、知名商业银行，共同开展入境游客移动支付试点服务。

（三）构建国际旅游品质接待服务体系

旅游住宿服务是入境游客选择目的地时考虑的重要因素之一。构建一流的住宿设施体系，对于提升旅游目的地国际吸引力、提升旅游目的地的国际形象具有重要意义。

一是大力引进国内外知名酒店品牌。加快推进对国内外知名酒店管理品牌的引进工作，构建高端旅游酒店集群，提升环北京地区的住宿接待水平。加快与洲际酒店、卓美亚、华尔道夫酒店、四季酒店、半岛酒店、文华东方酒店、安缦酒店等国际顶级酒店品牌运营商对接，进驻京津冀的冰雪运动和文化旅游集聚的区域。创造良好的国际酒店品牌运营环境。全面开放旅游市场，对标国际先进标准，建立公开透明的市场准入标准和运行规则，拓宽国际酒店企业交流合作渠道，推进外商旅游投资贸易便利化，引入国外优质旅游酒店品牌，推动酒店住宿业高水平发展。

二是积极推进传统星级酒店品质化发展。支持鼓励星级酒店、中高档酒店加快主题化、精细化、品牌化发展。引导冰雪旅游景区周边和旅游城市的酒店改造升级，对酒店大堂、餐厅、客房进行改造提升，按照国际化水平更换酒店内部布草设施，营造卫生、高档、舒适的住宿环境。对接国际化服务要求，配套中西餐厅，提供干净、卫生、营养、丰富的餐饮服务；配套休闲娱乐中心、康养服务中心、健身中心、游泳池等休闲度假设施。对于有条件的酒店植入冰雪文化和京津冀地区文化元素，打造主题度假酒店。

三是引导住宿业特色化、精品化、多元化发展。围绕冰雪文化、明清文化、生态文化、京津冀民俗文化、曲艺文化等特色文化元素，打造一批以精品民宿、农耕文化精品客栈、冰雪主题度假酒店、文化主题酒店、冰雪度假木屋为代表的本地特色住宿品牌，引导住宿设施的多元化发展。

（四）营造国际化旅游环境

加快推进国际化旅游服务质量体系建设，推进国际语言环境和旅游信息化服务建设，完善自驾车旅游入境服务体系，营造国际化的旅游环境。

一是构建与国际接轨的旅游服务质量体系。推进环北京地区冰雪运动与文化旅游国际服务标准化和国际质量认证，在旅游餐饮、住宿、交通、景区、旅行社、导游、购物及应急管理等方面，建立与国际通行规则相衔接的旅游服务标准认证体系。每年组织评选国际化服务标杆企业，全面提升旅游企业和从业人员管理和服务水平。

二是推进国际语言环境建设。完善市区、机场、车站、滑雪场、度假区、旅游景区、酒店等区域的中国、英国、日本、韩国、法国等多国语言标识标牌；印发中国、英国、日本、韩国、法国等多国语言版本的环北京地区冰雪运动与文化旅游宣传资料；提供国际旅游咨询接待服务，提高机场口岸、集散咨询中心、重要景区、宾馆饭店、公交巴士、免税购物店等的外语服务水平，推广旅游服务常用英语500句；滑雪场、冰雪旅游度假区、文化旅游景区等配备多国语言导游。

三是加强针对外国人的旅游信息化服务。扩大公共场所免费Wi-Fi覆盖范围；设计多国语言版本的"环北京地区冰雪文化旅游"微信服务小程序；引导文化旅游景区开发多语种电子导览导游服务，开通外语咨询服务专线。

四是建立入境自驾游服务体系。加强与"一带一路"沿线国家和地区证照互认、车辆救援、旅游保险等领域的合作。与"一带一路"国家和地区实现驾照互认，让外国游客在持有本国驾照和北京、天津、河北、内蒙古交通部门认证的翻译机构出具的驾照翻译件条件下，入境一年内，可以在北京、天津、河北、内蒙古境内合法驾车，方便入境游客自驾车旅游。以公安、交通、卫生等部门为主导，联合汽车协会、汽车俱乐部，成立京津冀和内蒙古自驾车车辆救援中心，为国内外自驾车旅游爱好者提供车辆救援服务，保障自驾车车主旅游基本权益。引导和鼓励保险公司与国际救援机构的合作，联合推出国际紧急救援旅行保险，为国际游客提供医疗咨询、意外突发事件、紧急医疗转送等救护服务。

（五）强化国际交流，打造一批标志性国际赛事和会议活动

国际赛事、国际会议、国际总部的数量等都是衡量一个国家或地区国际化水平的重要指标。国际活动是增强人文交流、展现国际形象、提升国际影响力和竞争力的重要手段。阿尔卑斯地区的奥地利、法国、意大利、瑞士等国家都是国际冰雪赛事和国际会议会展的举办地，尤其是法国、瑞士拥有众多国际组织总部，每年举办大量国际会议。环北京地区要想打造真正的全国冬季冰雪和人文交往中心，需要大量的国际交流活动，加强多层次多领域国际人文交流，提升影响力和知名度。

要借鉴瑞士、法国等地的发展经验，加快推进对研发中心、培训基地等多种类型国际组织机构的引进，以"一带一路"倡议、冬奥会等为突破口，打造可以媲美达沃斯论坛的国际政商交流活动。利用好冬奥会的冰雪设施，报请国家体育总局，积极承办世界高山滑雪锦标赛、自由式滑雪世界锦标赛等国际性冰雪运动赛事。积极谋划国际滑雪节、国际冰雪嘉年华等全球性冰雪文化旅游活动。

四、加快推进区域市场化发展

市场化是资源配置的最有效方式，可以最大限度地发挥市场主体和生产要素的自由流动、公平竞争和有效激励，激发市场经济的内在活力。必须始终坚持"政府引导、市场运作"的旅游业发展基本方略，大力推进市场化改革，优化要素配置，激发市场活动，促进公平竞争，为建设东方冬季旅游与人文交往中心创造更加公平、更高质量、更富

效率、更可持续的发展环境。加快推进区域市场化发展的重要举措如图 4-4 所示。

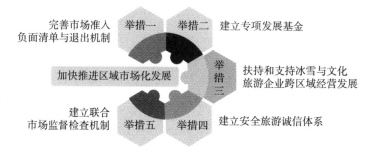

图 4-4　加快推进区域市场化发展的五大举措

（一）完善市场准入负面清单与退出机制

按照"非禁即入"原则，进一步放宽准入限制，定期评估、排查、清理各类显性和隐性壁垒。按照市场化、法治化原则，建立健全市场主体退出制度，提高市场重组、出清的质量和效率，促进市场主体优胜劣汰和资源优化配置。

一是认真落实市场准入负面清单制度。《市场准入负面清单（2018年版）》标志着市场准入负面清单制度在全国全面实施，2019年版标志着实时和定期调整相结合的市场准入负面清单动态调整机制建立，2019年版共列入事项 131 项，相比 2018 版减少了 20 项。环北京地区的冰雪运动和文化旅游发展要严格落实"全国一张清单"管理模式，认真做好清单落地实施工作，对不符合主体功能区建设要求的各类开发活动，严格禁止准入，优化旅游发展大环境。对清单列出与旅游相关的许可准入类（201004、208001、212004、218003、218007、218008、221010、222004、222005、299002、299003），进一步梳理所列事项措施的管理权限、审批流程、办理要件等，严格规范审批行为，优化审批流程，提高审批效率。

二是实行统一的市场准入制度。京津冀、内蒙古、山西等地区要在冰雪运动和文化领域融合发展方面，加强政策协同，在企业登记、土地管理、环境保护、投融资、财税分享、人力资源管理、公共服务等政策领域建立政府间协商机制，统一市场准入制度。

（二）建立专项发展基金

一是加快设立专项发展基金。联合京津冀、内蒙古、山西等地，积极争取国家发改委支持和指导，广泛吸引社会资本和专业投资管理团队，建立支持区域冰雪运动发展，打造东方冬季旅游与人文交往中心的专项基金，为基础设施建设、宣传推广等提供资金支持。

二是明确专项发展基金的投向。以建设东方重要的冬季旅游与人文交往中心为总体目标，以促进冰雪运动与文化旅游产业投资为主要抓手，以优化文化旅游产品结构为发展方向，明确旅游产业发展基金的重点投向。投资地域上，基金用于投向北京、天津、河北、内蒙古的冰雪运动与文化旅游项目。投资领域上，重点投向冰雪旅游开发建设；文化旅游休闲度假、新兴文化旅游业态开发建设；文化旅游综合服务设施和重大基础设施建设。

三是建立重点项目库，为冰雪产业基金储备优质项目。围绕冰雪运动与文化旅游，规划一批滑雪场、冰雪旅游度假区、滑雪运动学院、国际会议会展中心、冰雪装备制造产业园等项目，并纳入重点项目库，作为基金投放的主要领域。对重点项目加强策划指导，按照基金投资评价标准，策划好重点项目的开发运营方案，测算投资周期及回报率等。

（三）扶持和支持冰雪与文化旅游企业跨区域经营发展

旅游企业是开展旅游活动、推进旅游市场化的重要主体之一，《国务院关于加快发展旅游业的意见》中提出，支持国有旅游企业改组改制，支持民营和中小旅游企业发展，支持各类企业跨行业、跨地区、跨所有制兼并重组，培育一批具有竞争力的大型旅游企业集团。推动冰雪运动与文化旅游企业做大做强，支持其跨行业、跨区域、跨所有制兼并重组，已经成为推动冰雪运动与文化旅游发展的重要举措之一。

环北京地区涉及北京、天津、河北、内蒙古等多个省区市和地区，为了更好地推进冰雪运动与文化旅游的一体化、高质量发展，打造东方重要的冬季旅游和人文交往中心，各地需要加强合作，完善政策，支持旅游企业跨区域经营发展。重点应做好：一是北京、天津、河北、内蒙古要联合研究制定出台支持冰雪运动和文化旅游企业做大做强、跨区域经营的政策，为企业跨区域经营扫清壁垒，提供优质的营商环境。二是出台奖励政策，针对跨区域经营并形成一定规模的冰雪场地设施建设、冰雪旅游度假区建设、冰雪装备器材制造、文化旅游等企业给予资金奖励。三是支持冰雪旅游企业挂牌上市融资。对在沪、深交易所主板（中小板）、创业板、科创板上市和在境外主板、创业板上市的冰雪企业，给予资金奖励。

（四）建立安全旅游诚信体系

创新和完善治理体系和治理能力，维护平等交换和公平竞争，加强有效监管，建立规范有序、和谐稳定的冰雪运动和文化旅游大市场，为冰雪与文化旅游市场主体创造良好的发展条件。

一是建立安全领域诚信体系。依托北京、天津、河北、内蒙古各省的公共信用信息平台、国家企业信用信息公示系统，完善冰雪运动与文化旅游信用信息采集、信息共享使用体系。实施守信联合激励失信联合惩戒制度，对守信主体在冰雪旅游市场监管和公共服务中实行优先办理、简化程序等绿色通道，发布冰雪旅游"红黑榜"。制定旅游市场黑名单管理办法，推动冰雪旅游失信主体信用修复。

二是推进旅游标准化和服务质量认证。积极参与制定和贯彻实施国家标准、行业标准，创新发布地方标准、区域性地方标准，构建全链条标准体系。建立与国际通行规则相衔接的冰雪旅游质量认证体系，推进质量认证及其结果的采信。

（五）建立联合市场监督检查机制

一是建立健全联合监督检查机制。北京、河北、天津、内蒙古等地体育部门和文旅部门，针对冰雪运动与文化旅游市场，要建立联合检查监督机制，积极探索适合新技术、新产品、新业态、新模式发展的监管方式，形成"服务+执法"有机结合的综合管理体系。依托旅游大数据平台，整合监管数据，加强地方间、部门间执法协作，提高旅游监管效率，委托权威第三方开展常态化冰雪旅游市场舆情监测与分析，建立基于游客的冰雪旅游全过程综合监管机制。

二是加强游客权益保护。净化冰雪旅游消费环境，建立便捷快速的投诉体系，打造安心舒适的冰雪和文化旅游体验。完善旅游投诉处理机制，坚持有诉必查，有诉必复，坚决执行首问负责制，旅游投诉结案率实现100%，电话回访满意率100%。严厉打击扰乱冰雪旅游市场秩序的违法违规行为，切实维护旅游者合法权益。

第五章

空间发展格局

一、区域产业和空间发展总体格局

以冰雪运动发展水平为依托，以文化和生态旅游资源为基地，以城市发展水平为支撑，结合山水格局和交通路网结构，构建以圈层发展模式为主体，重大文化和旅游带为空间骨架，旅游片区为支撑的空间发展格局。

（一）构建空间四圈层结构

全国冬奥旅游发展空间布局圈层结构如下：

核心层：北京奥体中心区和首钢园区、延庆区、张家口崇礼区。核心层是环北京冰雪旅游的中心区，是冰雪运动设施、冰雪度假设施、冰雪旅游消费设施高度集中的区域，也是国际交往、人文交流、节庆赛事活动的主要举办地。

北京奥体中心区、延庆区、张家口崇礼区是2022年北京冬季奥运会的举办场地，冰雪运动场馆和奥运综合接待服务设施完备，交通路网和基础设施建设完善，拥有奥运会成功举办的基础，冬奥会的举办也将使之成为世界关注的焦点，城市知名度和对外开放程度将会进一步提升，处在环北京冰雪旅游圈的核心地位，有条件组织开展冰雪运动、高端冰雪度假、国际人文交往、节庆赛事活动，对环北京地区的冰雪旅游具有引领和示范作用。

中间层：北京市、张家口市。中间层是环北京冰雪旅游圈的重要的城市依托、服务基地、产业基地。北京作为一级服务中心，要发挥更多的国际交往功能和服务基地功能，张家口作为次级服务中心，要承接更多的服务基地和产业基地功能。

北京是中国的首都，是政治中心、文化中心、国际交往中心、科技创新中心，经济发展程度高，对外开放程度也高，服务设施和基础设施完善，城市影响力大，在打造东方重要的冬季旅游和人文交往中心的过程中，承接国际交往功能和服务基地功能。张家口市因为奥运会的举办和近几年冰雪旅游的快速发展，城市形象、城市配套、基础设施建设都得到了极大改善，初步建立起滑雪运动、冰雪度假、冰雪产业园等冰雪产业业态，产业发展初具规模，具备承接冰雪旅游服务和冰雪产业发展的功能。

联动层：承德市、保定市、天津市、廊坊市、唐山市、秦皇岛市、大同市、雄安新区、乌兰察布市、石家庄市、沧州市。以核心圈层的高端冰雪旅游度假区为龙头，联动天津、河北、山西等地区城市，集聚中小型滑雪场、冰雪小镇、冰雪度假村、度假酒店、冰雪产业园，形成环北京冰雪旅游圈。

承德市、保定市、天津市、廊坊市、唐山市、秦皇岛市、大同市、雄安新区、乌兰察布市、石家庄市、沧州市等地与北京、张家口距离较近，交通网络系统发达，城市建设和产业发展具备基础，与北京、张家口可以形成旅游精品线路，也可以有效承接北京、张家口的产业内容。同时，要想实现"带动三亿人参与冰雪运动"的目标，京津冀、山西、内蒙古等地冰雪旅游需求旺盛，是重要的客源市场。因此，要立足于以上城市的发展基础和冰雪旅游产业现状，布局冰雪运动、冰雪度假、冰雪产业园等要素形态，形成一个环北京的冰雪旅游圈，为冰雪旅游消费者提供更多的旅游产品、旅游空间，形成集聚效应。

辐射层：主要包括东北地区、西北地区、南方高海拔地区以及重点旅游城市，是2022年北京冬奥会带动全国冰雪旅游发展的拓展区。

吉林、黑龙江、新疆、内蒙古等地发展基础好，冰雪旅游需求旺盛、客源基础好，产业发展具备基础。以上地区有条件建设冰雪旅游设施，开展冰雪运动；东北地区工业产业基础好，可以承接部分冰雪装备制造功能。南方高海拔地区和重点旅游城市也逐渐形成冰雪旅游发展的气候。要以 2022 年北京冬奥会为引领，与其文化旅游形成联动，发挥冬奥会前三（年）后四（年）的撬动作用，带动全国冰雪运动、冰雪旅游等相关产业加快发展，形成规模效应，加快"带动二亿人参与冰雪运动"战略目标的实现。

（二）构建五大文化旅游带

五大文化旅游带包括奥运与体育文化带、长城历史文化带（大—秦）、太行—燕山生态文化带、京（廊）津（唐）秦现代经济与文化带、现代农业休闲旅游带。

奥运与体育文化带。以京张城际铁路、京藏高速等交通干道为主轴，串联北京五棵松体育馆、北京奥体中心、延庆小海坨、张家口崇礼区太子城等重要冰雪旅游项目，打造以奥运文化为主题特色，以冰雪运动为主导功能的奥运与体育文化旅游带，成为国内外游客深度体验北京奥运文化，感受中国体育魅力的主轴线。

长城历史文化带（大—秦）。以京藏高速、京哈高速、铁路京包线和京秦线为主轴，对接长城国家文化公园的建设，以长城历史文化为主题特色，以历史文化体验和冰雪运动为主导功能，构建山西大同—秦皇岛的长城历史文化带。

重要串联点：大同云冈石窟—大同古长城—天镇县新平堡古长城—怀安长城—张家口大境门—崇礼长城岭—崇礼区滑雪场—延庆区海坨山—八达岭长城—山海关。

太行—燕山生态文化带。以太行山山脉、燕山山脉为主轴，以森林生态为基地，立足山形地貌、生态环境，以冰雪运动为主导，辅以精品观光、山地运动、生态康养等功能业态，构建太行—燕山生态文化旅游带。

重要串联点：太行山大峡谷国家森林公园—云梦山—邢台大峡谷—嶂石岩—狼牙山—白石山—野三坡—张家口崇礼滑雪场—雾灵山—香

山—延庆小海坨滑雪场。

京（廊）津（唐）秦现代经济与文化带。以京津高速、长深高速、京哈高速，以及铁路专线为主轴，突出北京、天津、唐山、秦皇岛地区的经济文化特色，与冰雪产业联动发展，扩大对外开放，构建现代经济与文化带。

现代农业休闲旅游带。串联天津—北京—河北—内蒙古等重要的现代都市农业经济区，大力发展休闲农业旅游，与冰雪运动项目形成互补。

（三）构建六大文化旅游片区

六大文化旅游片区包括世界体育文化产业集聚区（奥体中心）、延庆冰雪与生态文化旅游片区（海坨山—妫水）、崇礼国际冰雪度假旅游片区（崇礼区）、古都古城文化旅游片区、国际交往中心及现代都市文化片区和草原森林生态文化旅游片区。

世界体育文化产业集聚区（奥体中心）。利用好夏季、冬季两次奥运会的品牌影响力，加快形成优质冰雪运动、国际冰雪赛事、国际冰雪展销、专业组织总部、冰雪旅游服务人才等要素的集聚，构建世界体育文化产业的高地。

延庆冰雪与生态文化旅游片区（海坨山—妫水）。立足延庆区优质的生态文化基底，利用好冬奥会冰雪运动设施，研究推进冰雪运动与生态旅游的深度融合，积极培育冰雪运动、冰雪度假、生态康养、养生养老等要素形态，打造冰雪与生态文化旅游融合示范区。

崇礼国际冰雪度假旅游片区（崇礼区）。依托冰雪运动设施，对接国际冰雪旅游标准，集聚高端冰雪运动场、高品质冰雪度假酒店群、国际娱乐设施群、国际性人文交往活动，成为北方地区冰雪度假旅游引领区。

古都古城文化旅游片区。深度挖掘北京、天津、保定、唐山、石家庄等地古城古都文化，以冰雪运动为主导，配合古都古城历史文化旅游产品，增强区域性旅游综合服务功能，成为动静结合、现代与历史相呼应的文化旅游片区。

国际交往中心及现代都市文化片区。充分发挥北京国际城市的优势，加强对外开放，整合张家口城区、天津城区，积极推动国际性人文交往活动、都市商业服务设施、国际化消费空间、现代都市文化创意空间等功能要素的集聚，打造成为国际交往中心和现代都市文化体验的核心区。

草原森林生态文化旅游片区。整合北部乌兰察布、张家口、承德的草原生态资源，构建集草原观光、生态康养、山地运动、文化体验于一体的草原森林生态文化区。

二、区域发展战略要点

（一）空间圈层发展方向

1. 核心层

发展方向：东方重要冬季旅游与人文交往中心的核心层，高端冰雪旅游度假基地，全球冰雪旅游高地。

产业要素形态：北京奥体中心区和首钢园区、延庆区、张家口崇礼区作为东方重要冬季旅游与人文交往中心的核心区，重点要紧抓北京冬奥会和冬残奥会筹办举办的重大战略性历史机遇，加快整合建设北京、张家口体育文化旅游带，按照国际冰雪产业的品质要求，引导发展冰雪运动场馆、高品质冰雪度假酒店群、冰雪主题小镇、冰雪旅游度假村、特色民宿客栈、温泉度假村、主题娱乐公园、休闲商业街区、滑雪运动学院、国际会议会展中心、国际冰雪赛事、大型会议论坛、主题节庆活动等业态。

发展举措：一是建立冬奥场馆联盟，研究场馆的后续有效利用的政策举措。二是品质化发展。建设国际水准的冰雪运动场馆设施，配套国际品质的星级度假酒店群，打造拥有国际会议设施、设备的会议会展中心。三是国际化发展。积极组织承办世界冰雪运动赛事活动，举办国际人文交往活动，策划2~3个有世界影响力的节庆活动。冰雪运动场馆、酒店、会议会展设施等要配套多国语言的综合服务设施。按照国际消费习惯，开发国际消费空间，配套酒吧街、美食街、文创工坊、主题娱乐等消费业态。四是特色化发展。融入北京、延庆、张家口的地域文化元素，在建设风格、节庆活动、特色餐饮中尽显地方传统文化特色，形成与阿尔卑斯相呼应的东方特色冬季旅游和人文交往中心。五是融合发展。联动周边历史文化、生态山水、城市观光等旅游产品，深入推进"冰雪+"旅游，打造主题精品线路，丰富旅游产品供给，延长游客出游时间，刺激和拉动消费，带动地方文化旅游发展。

2. 中间层

发展方向：东方重要的冬季旅游与人文交往中心的重要城市依托和总服务基地。

产业要素形态：作为中间层，依托北京、张家口和天津等城市，因地制宜布局冰雪产业要素形态。北京重点布局冰雪旅游集散服务中心、旅游度假酒店群、国际组织机构、会议会展中心、国际论坛、国际性外事交往活动、冰雪运动学院等。张家口和天津重点布局冰雪运动场馆、特色旅游小镇、旅游度假酒店、大型冰雪与文化旅游节庆活动、冰雪旅游集散服务中心、冰雪运动学院、冰雪装备制造产业园、"冰雪+文化产业集群"等。

发展举措：一是借势发展。借助冬奥会的影响力，要加快推进对外开放，大力发展国际会议会展业，积极组织开展国际大型人文交往活动。借助冬奥会的影响力，张家口要以冰雪旅游为主导品牌，大力发展冰雪产业。二是做细集散服务。依托北京首都国际机场、北京北站、张家口太子城高铁站打造冰雪旅游集散服务中心，在现有集散中心的基础上，围绕打造东方重要冬季旅游和人文交往中心的定位，增设外国游客集散中心、多语种咨询服务中心，提供冰雪旅游交通组织、线路策划等一站式、便捷化的旅游服务。三是做精旅游服务。作为核心层的重要依托城市，要根据冰雪旅游和文化旅游的发展需求，积极组织配套度假酒店、特色旅游餐饮、文化创意、主题娱乐等综合服务要素，承接核心层的游客外溢。四是做强冰雪旅游产业。重点依托张家口，鼓励和支持建设冰雪产业园，打造集研发、生产、展示、销售于一体的冰雪装备制造业的集聚区，延伸冰雪产业链条。

3. 联动层

发展方向：立足城市和旅游发展基础，围绕冰雪旅游市场需求，构建形成集冰雪运动、文化旅游、冰雪运动培训、冰雪制造于一体的冰雪旅游和冰雪产业基地。

产业要素形态：环京周边的承德市、保定市、廊坊市、唐山市、秦皇岛市、乌兰察布市、石家庄市、大同市、雄安新区、沧州市等华北地区的重点旅游城市作为联动层，建设发展冰雪运动场馆、度假酒店、特色旅游小镇、冰雪运动培训学校、冰雪产业园、物流园等。

发展举措：一是积极融入环北京地区冰雪运动与文化旅游圈。要发挥北京、张家口的冰雪旅游和文化旅游的引领作用，借势联动发展，主动融入与其共同推出精品旅游线路、联合营销、共享客源。二是围绕冰雪旅游需求，建设室内、室外滑雪场以及滑冰等冰雪运动设施，打造一批适合各类市场消费需求的滑雪场，满足日益增长的滑雪运动需求。三是围绕滑雪场，布局酒店群、冰雪旅游度假村、冰雪主题小镇、温泉度假村等配套设施。四是发展冰雪旅游装备制造业，打造集雪场设备设施、滑雪运动装备的研发、生产、展销于一体的冰雪产业园。

4. 辐射层

发展方向：辐射层是环北京冰雪旅游发展的拓展区，发挥核心圈层的引领作用，带动全国冰雪运动、冰雪旅游等相关产业加快发展，形成规模效应，加快"带动三亿人参与冰雪运动"战略目标的实现。

产业要素形态：东北地区、西北地区、南方高海拔地区以及重点旅游城市，建设发展冰雪运动场馆、度假酒店、特色旅游小镇、冰雪产业园、冰雪产业装备制造园等。

发展举措：辐射层一方面是环北京地区冰雪旅游带动的区域，另一方面是未来全国可能的冰雪产业发展区域。要充分发挥冬奥会和环京冰雪产业核心区的引领作用，顺应国内外冰雪产业市场的发展需求，结合冰雪运动"南展西扩东进"战略实施，以京津冀为带动，东北、华北、西北三区协同，南方多点扩充，推动我国冰雪产业大发展。现阶段：一是要结合地方特性，围绕冰雪运动市场需求，建设一批中小型滑雪场地设施。二是要将冰雪旅游与地方生态旅游、文化旅游、工业旅游结合，打造全季节性的综合旅游线路，为游客提供多元化的旅游服务。三是发挥各地的工业发展基础，逐步导入和布局一批冰雪装备制造产业园区，将冰雪产业打造成为地方经济发展的重要产业之一。

5. 圈层间互联互动

一是核心圈层要发挥引领示范作用。借助冬奥会这个国际品牌赛事活动产生的影响力，以奥运会高品质的冰雪场馆设施为依托，积极开展冰雪旅游活动，激发国内外游客到此开展冰雪旅游的兴趣，进而带动冰雪旅游市场快速发展，实现"带动三亿人参与冰雪运动"的目标，打造东方重要的冬季旅游和人文交往中心。要通过核心圈层的冰雪旅游发展，为冰雪场馆建设、冰雪旅游服务、冰雪培训教育、冰雪旅游运营模式等树立标杆示范，形成可以向各地传播的经验，带动环北京地区冰雪旅游高品质、高规格发展，实现全区域冰雪旅游的转型升级。

二是构建便捷的交通服务体系，强化圈层间的互联互通。①依托京藏高速、京哈高速、京张铁路等交通主干线网络体系，强化冰雪旅游服务功能，打通各圈层之间的联系，实现互联互动。②依托北京首都机场、北京、张家口市内高铁站的游客集散服务中心，建立交通集散服务体系。开通由集散服务中心到各圈层、各地市的交通客运专线、冰雪旅游专列。③开通旅游交通专线。开通太子城高铁站到崇礼区滑雪场到延庆滑雪场之间的旅游交通专线，北京、张家口、承德、保定、廊坊、唐山、秦皇岛等城市的主要滑雪场之间分段开设旅游交通专线。④积极推动城际铁路的建设，增强各圈层之间的交通联系，实现快速转换。

三是以强带弱，以旺促淡，共荣共享。冰雪旅游季节性较强，因此要加强各圈层之间冰雪旅游与文化、生态、观光、康养等旅游产品的融合发展。发挥各圈层的旅游特色，设计互补性、多元化、四季性、全时化旅游精品线路，以旺促淡，以强带弱，推动各圈层冰雪运动与文化旅游的繁荣发展。

四是加强人才互动，实现资源共享。强化京津冀、内蒙古、山西等各圈层内的人才互通、互认、互流，为冰雪运动和文化旅游发展提供智力保障。推进区域旅游人才信息网络建设，联合各圈层省区市建立冰雪运动培训、冰雪旅游服务、冰雪产业研发等人才库，并积极推进各圈层之间的人才流动，为推动全区域冰雪旅游发展提供支撑。

（二）文化旅游带发展方向

1. 奥运与体育文化带

打造奥运和体育文化主题旅游带，重点做好：一是沿京张铁路、京藏高速建设奥运和文化主题特色专列和旅游风景廊道。京张铁路要根据冬季旅游需求，适时开通奥运主题冰雪旅游专列，从站台布置、列车装饰、特色服务等方面凸显奥运文化主题元素。京藏高速旅游风景廊道要优化道路两侧景观环境，增加奥运主题文化雕塑，在服务区、加油站增设奥运主题旅游咨询服务，配套自驾车营地设施。二是北京五棵松体育馆、北京奥体中心、延庆小海坨、张家口崇礼区太子城沿线，要在冬奥冰雪运动场馆和旅游服务接待设施的基础上，围绕冰雪旅游发展需求，因地制宜地布局冰雪运动场馆、冰雪度假区、旅游小镇、温泉度假村、文化旅游项目、度假酒店、冰雪培训机构、会议会展设施等产业要素形态，打造冰雪旅游产业轴。三是整合沿线的首钢工业园区、八达岭长城、妫河湿地公园、松山、玉渡山等资源，加强各景区与冰雪运动场馆之间的旅游线路组织串接，使之成为集冰雪与文化旅游于一体的旅游带。

2. 长城历史文化带（大—秦）

打造长城历史文化带（大—秦），重点做好：一是与冰雪运动旅游相结合，对接长城国家文化公园建设，积极开展"冰雪+"旅游活动，与沿线的云冈石窟、古长城、八达岭长城、山海关等景区串联，打造精品主题线路，向世界传播长城文化。二是北京、河北、山西注意联合宣传推介，加强对主题线路、沿线景区的营销推广。三是完善大同—秦皇岛高速公路沿线标识系统、自驾车服务系统、高速旅游咨询服务系统。四是针对旅游发展需求，分时段开通长城历史文化主题专列，联合北京、河北、山西三地文旅部门、旅行社共同推广。

3. 太行—燕山生态文化带

打造太行—燕山生态文化带，重点做好：一是以崇礼、延庆冰雪旅游为龙头，撬动冬季旅游，同时整合沿线太行山大峡谷国家森林公园、云梦山、白石山、野三坡、雾灵山、香山等景区，打造精品线路，延长游客停留时间，丰富游客旅游体验。二是利用冰雪旅游打响太行山、燕山生态文化旅游，优化提升沿线景区品质，打造成为四季旅游目的地。三是依托优质的森林生态环境基底，引导和鼓励发展生态康养、山地运动、避暑度假、精品观光等产品，丰富旅游供给，做精做透生态旅游。四是随着游客对旅游品质要求的不断提升，要针对中高端旅游市场需求，不断提升住宿、餐饮等设施品质，合理布局高品质度假酒店、精品民宿客栈、度假公寓、主题餐厅等。五是利用河北太行山全域旅游发展联盟等平台，联合推介太行山—燕山生态文化旅游产品，扩大市场影响力。

4. 京（廊）津（唐）秦现代经济与文化带

打造京（廊）津（唐）秦现代经济与文化带，重点做好：一是依托现代经济发展基础，围绕冰雪旅游产业，大力发展冰雪产业园区，构建集冰雪运动、冰雪运动培训，以及冰雪设备研发、生产、销售、物流于一体的冰雪旅游产业链，打造冰雪特色现代经济与文化带。二是扩大对外开放，加强与欧美冰雪产业发达国家的交流与交往，引进美国、加拿大、法国、意大利先进冰雪设备生产技术，同时提升国内冰雪设备生产水平，扩大对外出口。三是积极推进现代文化旅游发展，选择有条件的工业园区、冰雪产业园区，植入配套旅游服务功能，开展工业旅游。

5. 现代农业休闲旅游带

围绕《京津冀现代农业协同发展规划》，依托北京市、天津市和河北省环京津的27个县的都市现代农业区和河北省146个县高产高效生态农业区，打造现代农业休闲旅游带。重点做好：一是遴选农业基础好、交通方便、距离景区较近的农业区，开发建设休闲农业旅游区，与冰雪运动旅游形成互补，丰富旅游体验。二是依据农业区的农作物种类，植入观光园、采摘园、农耕文化体验园、主题餐厅、农作物展销中心、主题农业庄园等休闲业态。三是鼓励和扶持休闲农业旅游区周边有条件的乡村，开发乡村旅游。加强对乡村水电路网、通信、Wi-Fi网络等设施的配套建设，强化对村民的引导和指导，带动乡村通过旅游致富。

（三）文化旅游片区发展方向

1. 世界体育文化产业集聚区（奥体中心）

以北京奥体中心为核心，整合周边奥林匹克公园、会展中心、高星级酒店等设施，发挥北京对外开放的优势，打造面向世界的体育文化产业集聚区。一是利用好夏季、冬季两次奥运会的品牌影响力，利用奥运场馆设施，做好场馆的赛后利用，开展国际体育赛事、大型人文交往活动、国际冬夏两季体育装备制造展销会、世界体育博览会、室内外滑雪运动，打造世界体育产业高地。二是利用品牌效应，吸引国际组织机构、国内外大型企业总部入驻，建立体育旅游产权交易市场，迅速形成资金、人才、技术等要素的集聚，成为世界体育要素交流和交易基地。三是将奥体中心与周边的圆明园、颐和园、故宫、后海等地联动，打造多元化的旅游产品组合，提升游客体验感。四是围绕体育产业发展主题，开发打造奥林匹克主题博物馆、体育主题雕塑公园、体育主题度假设施，提升吸引力。

2. 延庆冰雪与生态文化旅游片区（海坨山—妫水）

立足延庆区优质的生态文化基底，以海坨山—妫水为核心，整合世园会、八达岭长城、百里画廊、龙庆峡等景区，围绕延庆区全域旅游发展战略，做好冰雪旅游与生态旅游的深度融合，打造冰雪与生态文化旅游融合示范区。一是加强对冬奥会场馆、世园会场馆的空间再利用，以冬奥会和世园会的影响力，全力推进延庆区冰雪运动、大型活动、国际冰雪赛事的发展。二是强化海坨山、妫水冰雪旅游与世园会、八达岭长城、百里画廊、龙庆峡等景区的联动发展，开展冰雪旅游、避暑旅游、生态康养旅游线路。三是依托冰雪旅游品牌和优质的生态环境，加快推进生态康养度假区、森林生态木屋、冰雪主题小镇、避暑度假村、休闲娱乐街区等业态的开发建设，扩大旅游消费，推进延庆区旅游的转型升级。四是鼓励海坨山、妫水周边有条件的小镇、乡村，结合美丽乡村和新型城镇化建设，开展旅游活动，扶持打造冰雪度假小镇、生态旅游村。

3. 崇礼国际冰雪度假旅游片区（崇礼区）

法国霞慕尼、日本札幌、俄罗斯索契等几乎每一个冬奥会滑雪比赛举办地都建成了国际高端滑雪旅游度假区。崇礼滑雪资源得天独厚，以太子城为核心，依托丰厚的场馆遗产，借鉴国际成功经验，围绕太子城、西湾子、红旗营打造国际冰雪旅游金三角，成为享誉国际的高端滑雪旅游胜地。一是国际旅游市场与国内旅游市场相结合，加强针对国内、国际旅游市场的专项营销，提供符合国内和国际游客需求的冰雪旅游服务。重点要打造高级、中级、初级相结合的滑雪场设施；配套一批多元化冰雪旅游度假设施，满足各阶层游客需求；强化国际元素融入，提供多语言服务，植入国际消费业态。二是竞技体育运动与旅游产业相结合，在开展滑雪旅游的同时，强化与文化、生态旅游的融合发展，与张家口、北京周边的旅游景区穿点成线，打造精品旅游线路，延长游客停留时间，丰富游客体验，拉动旅游消费。三是冬季滑雪旅游与夏季旅游相结合，构建冬季滑雪、春季赏花、夏季避暑、秋季养生的四季旅游产品体系。四是滑雪旅游与滑雪教育培训相结合，结合冰雪运动场地，规划滑雪运动学院，引进和培育一批经过认证的滑雪运动教练员，开展冰雪运动培训。着力注重滑雪运动课程体系开发和滑雪运动指导员认证体系开放。五是滑雪运动与国际人文交往活动相结合。依托高级冰雪运动场馆、高端冰雪旅游度假区和高端旅游接待设施，积极承办国际大型冰雪赛事活动，开展国际经济商务论坛活动。

4. 古都古城文化旅游片区

北京、天津、保定、唐山、石家庄等地历史文化遗产丰富，古都、古城、古建筑、皇家园林、皇陵等历史遗迹众多，可以与冰雪旅游相结合，构建京津冀古都古城遗迹旅游与冰雪旅游的融合发展区。一是依托故宫、颐和园、圆明园、十三陵、天津古街区、五大道、定州古城、石家庄正定荣国府等景区点，与滑雪旅游相结合，策划打造文物古迹游、明清古建游、特色休闲游等系列精品线路。二是加强京津冀三地旅游一体化发展，强化三地的旅游监管合作，推进旅游服务标准一体化。三是针对古都古城游，设计发行古都古城旅游地图和古都古城旅游优惠卡，游客持旅游卡可在购买门票、定点餐饮住宿场所享受优惠活动。

5. 国际交往中心及现代都市文化片区

利用北京首都的设施、场馆、对外开放等优势，联动张家口城区、天津城区，推进国际元素和现代都市元素集聚，构建集会议会展、都市旅游、文化体验、文化创意于一体的功能片区。一是持续扩大对外开放，利用三地高品质的会议会展设施、酒店服务设施、会展服务设施，积极组织承办国际大型经济、商务交往活动。二是围绕都市，植入国际和现代都市元素，依托大栅栏、西单、王府井、后海、南锣鼓巷、798、天津古文化街、五一路滨河风情街区、张家口民俗风情街等休闲街区和都市商业街区，做亮夜间景观，导入 Shoppingmall、酒吧、咖啡馆、书屋、工坊、文创商店等业态，打造国际性的都市消费区，开展都市休闲游。三是北京、天津、张家口要加强政策的突破和创新，利用优惠的人才政策、土地政策、税收政策，优化营商环境，吸引跨国企业集团入驻，形成人才、资金、技术等要素的集聚。

6. 草原森林生态文化旅游片区

乌兰察布市、张家口市、承德市有着我国北方优质的草原草场、森林资源，已经形成了辉腾锡勒草原、张北草原天路、坝上草原、御道口草原森林、塞罕坝国家森林公园等一批经典旅游景区，每年吸引大量游客前往。张家口崇礼区、延庆海坨山冰雪旅游区，地处北京到北部草原森林旅游区游览的沿线，可与其联动发展构建形成"冰雪+草原森林"的旅游组团。一是做好张家口崇礼区、延庆海坨山的旅游服务功能，打造北京、天津游客到北部草原森林旅游区的重要通道和服务基地。二是在冰雪旅游的基础上，将室内外滑雪场与草原、天路、国家森林公园等景区联动，打造四季旅游产品。三是要加快推进草原森林生态文化旅游区的转型升级，在现有的只是观光、骑马、拍照的基础上，增加民俗特色体验、生态康养、避暑养生、街区活动等业态和元素。

第六章

2022年冬奥会专题

一、2022年冬奥会期间京外游客对北京传统文化旅游地的游览计划行为研究

（一）研究背景

1. 冬奥会将为北京带来巨大的旅游经济增长

2015年7月31日，中国北京获得2022年冬奥会举办权，至此，冬奥会进入了紧锣密鼓的筹备中。冬奥会作为和奥运会隔期举办的四年一度的体育盛事，在展现运动健儿们的风采的同时，也将为举办城市带来巨大的经济增长。已有学者使用投资应用增长模型、旅游收入模型等进行了北京冬奥会经济影响的预测。在多方面的经济增长中，包括文化旅游在内的旅游增长是不可忽视的一部分。

根据表6-1可知，历届奥运会往往能够带来明显的旅游人次增加预期，通过赛事旅游引导增加消费也是常见的产业发展策略。基于冬奥会的影响，政府大力鼓励扶持旅游业，以张家口崇礼为例，自2015年7月31日北京、张家口两地申奥成功后，崇礼滑雪产业获得了飞速的发展。2015—2016年，崇礼在滑雪季累计接待游客超过205万人，人均消费额达到700元，旅游业带来的直接收入超过14亿元。与往年相比，各项数值增长率超过了30%，增长速度是往年的2倍左右（邢建宇，2017）。由此可见，冬奥会举办期间，前来观赛的京外观众能够给北京带来客观的旅游经济增长。北京市通过举办像冬奥会这样意义重大的赛事活动，将收获一大批赛事现场观众，从而增加京外旅游者的数量，通过旅游的食、住、行、游、购、娱给赛事活动的举办城市

带来巨大的旅游经济增长。

表 6-1　历届奥运会增加的入境人数及旅游收入

年份	奥运会	入境人数	旅游收入
1984	洛杉矶奥运会	23 万	—
1988	汉城奥运会	22 万	14 亿美元
1992	巴塞罗那奥运会	30 万	30 亿美元
1996	亚特兰大奥运会	29 万	35 亿美元
2000	悉尼奥运会	50 万	42.9 亿美元
2008	北京奥运会	38.2 万	—

2. 传统文化旅游地是北京热门旅游景点

2022 年冬奥会计划设置三大赛区：北京赛区、延庆赛区和张家口赛区。在北京赛区，共有 5 个竞赛场馆和 7 个非竞赛场馆，其中包括举办开闭幕式的鸟巢、举办速度滑冰的主场地国家速滑馆、举办冰壶比赛的水立方、举办男子冰球比赛的国家体育馆、举办女子冰球比赛的五棵松体育中心，还有举办短道速滑和花样滑冰的比赛场地的首都体育馆。北京作为中国的首都，不但是 2008 年奥运会的举办地，同时也是一座历史文化悠久的城市。北京是中国著名的八大古都之一，北京从建都到现在已经拥有了 3000 多年的历史，拥有着很多古老的建筑物，同时还有很多的非物质文化遗产。这些被人熟知的地点逐渐演变成了富有传统文化的旅游地。它们承载了丰厚的历史记忆，荟萃了多元文化元素，经历不同朝代的发展，成为传承城市记忆、展示城市精神、焕发民族优秀文化的重要象征。与此同时，这些传统文化旅游地在北京举办盛大活动时也往往承载了大量的游客。

奥运旅游监测结果显示，2008 年 8 月 8~24 日奥运会期间，北京累计接待国内外游客 652 万人次。旅游景区实现营业收入 16270.3 万元。部分 5A 级景区，如故宫博物院、颐和园、八达岭长城、天坛公园分别接待中外游客 46 万人次、35.3 万人次、23.6 万人次和 28.6 万人次。除了这些 5A 级景区，北京还有很多富有民族文化内涵、让游客体验不同文化、体现中国文化变迁的旅游地。表 6-2 和表 6-3 整理了 2019 年中秋和国庆北京热门景点接待游客量和 2019 年节假日北京历史文化观光型景区的接待人数占比。从中可以看出，传统文化旅游地接待人数虽随着时节不同而有些许浮动，但是在北京旅游地总体接待游客中的占比维持在 25% 左右，是游客的旅行目的地的首选项。

表 6-2　2019 年中秋和国庆北京热门景点接待游客量

游客接待量排名前十的景区（仅列出传统文化旅游地）	中秋节排名（总数 161 家）	接待人次（万人）	中秋节排名（总数 168 家）	接待人次（万人）	国庆节排名（总数 167 家）	接待人次（万人）
什刹海风景区	2	45.6	1	38.6	4	74.8
南锣鼓巷	5	21.4	2	28.3	3	98.7
故宫博物院	4	24.0	4	18.0	7	46.2
颐和园	10	15.0	5	14.4	5	53.0
天坛公园	8	17.9	7	12.9	6	50.1
北海公园	9	17.7	8	12.8	—	—
紫竹院	—	—	10	9.7	—	—
八达岭长城	—	—	—	—	10	32.6
玉渊潭公园	3	29.2	—	—	—	—
前门大街	6	21.0	—	—	1	178.5

表 6-3　2019 年节假日北京历史文化观光型景区的接待人数占比

节假日	时间段（2019 年）	历史文化观光型景区接待人数（万人）	接待旅游总人数（万人）	占比（%）
春节	2 月 3~9 日	279.2	811.7	34.4
清明	4 月 4~6 日	135.0	616.5	21.9
五一	4 月 30 日~5 月 3 日	215.6	685.1	31.5

续表

节假日	时间段 （2019 年）	历史文化观光型景 区接待人数（万人）	接待旅游总 人数（万人）	占比（%）
端午	6 月 7～9 日	96.9	580.8	16.7
中秋	9 月 12～14 日	90.4	346.3	26.1
国庆	9 月 30 日～10 月 6 日	305.6	920.7	33.2

3. 外省区市人员来京旅游呈增长态势

北京游客的来源构成包括三个方面：入境游客、国内其他省区市游客和北京本地游客。国内游客是北京旅游人群的主体，其中，国内其他省区市来京旅游的游客是数量最多、比重最大的部分。2020 年北京市国内旅游总人数为 18352.4 万人次，国内旅游收入为 2880.9 亿元。其中，外省区市来京旅游人数为 9713 万人次，旅游收入为 2513.9 亿元，北京市民在京旅游人数为 8639.4 万人次，旅游收入为 367 亿元。从近 6 年的国内其他省区市来京旅游人数和收入情况统计来看（见图 6-1），除 2020 年受疫情影响，国内其他省区市来京旅游人数和收入均明显大

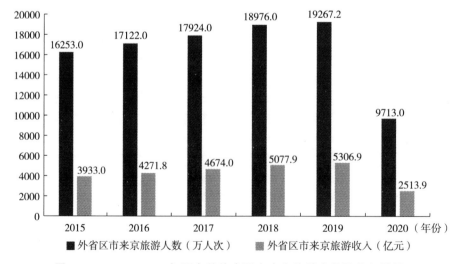

图 6-1 2015—2020 年国内其他省区市来京旅游人数及收入统计

幅下降之外，2015—2019 年，国内其他省区市来京旅游人数和收入均逐年递增，增长态势明显。

　　入境游客按来源包括外国游客和中国香港、澳门、台湾游客两部分。2020 年受疫情影响，北京市接待入境游客人数仅为 34.1 万人次，旅游外汇收入仅为 4.8 亿美元（见图 6-2）。2015—2019 年，在国内外大环境正常的情况下，北京市接待的入境游客数量大致维持在 400 万人次，每年的外汇收入约在 50 亿美元。

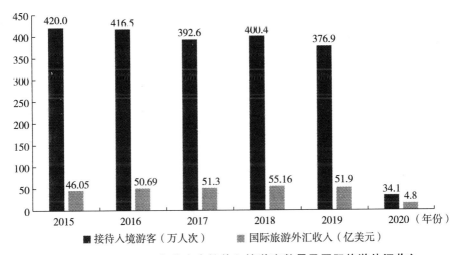

图 6-2　2015—2020 年北京市接待入境游客数量及国际旅游外汇收入

（二）京外游客游览计划行为的特点

1. 京外游客对传统文化旅游地的游览意向较高

　　北京作为历史文化名城，其传统文化资源独具特色，与其他旅游城市相比吸引力大、竞争力强。调查显示，京外游客对冬奥会期间到北京传统文化旅游地游览大都持着积极的认可的态度，希望在此体验中国传统文化和北京的城市文化，年轻人则更偏向品尝美食和热门景点打卡。京外游客在行为意向上表现出愿意在冬奥会期间去北京的传统文化旅游地游览，并且对重游和推荐也持有肯定态度。

2. 不同特征人群的游览计划行为存在显著差异

学生群体没有固定的经济来源和出游时间，对个人生活无法进行完全的规划和控制，与其他群体在年龄、职业、收入上有较大差异，这使得学生群体和其他群体对北京传统文化旅游地的态度、感知、行为意向等均有显著不同。在时间和经济能力受限的情况下，学生群体对冬奥会期间到北京传统文化旅游地游览感知到更多的阻碍和不可控，其行为意向相对较低。在所有群体中，企事业单位人员这一群体的家庭平均收入较高，这一群体大多身体健康，且有时间、有精力、有财力支持自己和家人出游，其到北京传统文化旅游地的游览意向更高，实际行为更易实现。

3. 行为态度和感知行为控制是重要影响因素

行为态度是指一个人对一个人或一种行为有积极或消极的评价，反映了个人对其的喜好厌恶的程度。感知行为控制是指个体对某一特定行为的难易程度的感知，它反映了个体对促进或阻碍其行为的因素的感知。行为态度和感知行为控制是北京传统文化旅游地的旅游行为意向的重要影响因素。京外游客对北京传统文化旅游地的评价越积极，感知阻碍越小，越促进京外游客产生到传统文化旅游地的旅游行为意向。说明京外游客在选择北京传统文化旅游地旅游时，更加注重自身的态度感受和自己是否能够获得最佳的客观因素支持。

（三）北京传统文化旅游地的发展问题

1. 节假日交通堵塞，景区人流拥挤

受集中放假安排的影响，五一劳动节、端午节、国庆节和春节等

黄金节假日成为国民出游的主要时段，大众旅游需求集中释放，出游热情高涨，北京等大城市又是节假日旅游的主要目的地。2019 年"十一黄金周"期间，北京市接待旅游总人数为 920.7 万人次，旅游总收入 111.7 亿元，人均花费 1213.7 元。其中，接待入境游客和国内其他省区市来京旅游者 386.7 万人次，旅游收入 92.6 亿元，人均花费 2394.2 元。市民在京游人数 534.0 万人次，旅游收入 19.1 亿元，人均花费 358.6 元。全市重点监测的 167 家旅游景区在 2019 年 10 月 1~7 日，累计接待游客 1383.3 万人次，营业收入达 5.2199 亿元。其中，城市公园型景区 421.2 万人，现代娱乐型景区 307.1 万人，历史文化观光型景区 305.6 万人，自然山水型景区 76.8 万人，博物馆型景区 43.2 万人，奥运遗产型景区 6.1 万人。从接待人数来看，人气最旺的三类景区分别是城市公园型景区、现代娱乐型景区和历史文化观光型景区，与自然山水型景区相比，这三类景区的空间范围较为狭窄，因此拥挤程度会更加严重。当景区游客容量超载时，游客难以获得优质的旅游体验，容易产生负面情绪，会大大降低游客满意度和重游意愿。城市交通过度拥堵会导致社会秩序混乱，对游客人身财产安全产生危害，引发负面的社会热点舆情。

2. 优质传统文化旅游景区营销宣传力度不足

北京广为人知的旅游景点有故宫、长城、南锣鼓巷、天安门和天坛等，但除此之外，北京还有许多自然和文化价值高的优质景区，如北京门头沟白瀑寺，始建于辽代，是一座拥有 900 多年历史的古寺，梵音绕梁，环境秀丽，很多设计异常独特，极具观赏价值，且门票免费。家庭平均收入较高的中产阶级群体，是理论上具有较高的行动力的人群，但这类群体在出游时，由于肩负养家重任，会首选性价比更高的景点，而不是高消费的景点。在北京，类似白瀑寺等景区对自身特色的宣传营销力度不够，在全国范围内的知名度有待提高，未能吸引具有较高行动力和关注性价比的中产阶级群体。如何增强景区自身的吸引力，在一众景区中脱颖而出，成为京外游客的较优选择，是景区目前应考虑的重要问题。

3. 旅行社信誉较低，投诉反馈机制不完善

随着旅游行业失信惩戒制度、旅行社公共信用综合评价制度、旅游企业黑名单制度等的实施，旅行社诚信经营状况有所好转，但部分问题仍然存在，旅行社正面临着消费者的信任危机。游客经常会觉得旅行社伤人、骗钱，对于旅行社安排的行程也不甚满意，并不能满足游玩兴致，自主度不高。旅行社的不诚信行为主要体现在企业和员工两个层面。在企业层面，主要有恶性削价、虚假宣传、拖欠账款、承包挂靠、合同变更、违约等表现形式；在员工层面，主要集中在导游人员的失信行为，如降低服务标准、索要小费、强迫购物等。旅行社行业如何面对消费者信任危机，重塑旅行社行业诚信，是未来行业发展的重中之重。

线上投诉反馈机制不完善。在线旅行服务企业取消订单退款难、刷单、霸王条款、捆绑销售等问题依旧突出，成为投诉新热点。近年来，游客向 OTA 平台或旅行社网站进行投诉的情况屡见不鲜，并且一般得不到及时有效的反馈。OTA 平台售后服务不作为只会加剧 OTA 平台乱象氛围的恶化。

（四）北京传统文化旅游地发展对策

1. 政府宏观调控，鼓励分流出行

根据以往经验，北京举行各大赛事及节假日之际，交通常会阻塞，游客出游时常担心的问题也是堵车。因此，想促进北京旅游发展，首先要改善北京常见的拥堵状况，出台相应的规范政策，从而让旅游者在冬奥会出游期间能够最大化节省出行时间。公开数据显示，2008 年

7 月 20 日至 9 月 20 日，北京在奥运会前后共计实施了长达 32 天的单双号行驶措施；2015 年世锦赛和"九三阅兵"期间，北京实施了共计 14 天的单双号行驶措施；2014 年亚太经济合作组织（APEC）会议期间，北京也在 11 月 3~14 日实施了 12 天的单双号行驶措施。这些政策有效减少了在大型活动期间机动车数量，全路网早晚高峰交通指数处于"基本畅通"水平。与常规工作日早高峰环路交通运行情况相比，单双号行驶期间，全市各环路的主要拥堵路段都有明显改善。仅在二环内有中度拥堵，三环内有轻度拥堵。

其次，北京各大景点人流量不均匀，热门景点经常会出现人流过度饱和的现象。如 2019 年，故宫博物院接待观众数量首次突破 1900 万人次，日均 5 万余人。游客在进行游览的过程中看到的往往是人挤人的现象而不是景区。与此相反的是，某些景点却鲜为人知。北京有 600 余个景点，被大家熟知的景点数量仅不到 100 个。所以，政府可在冬奥会期间出台相关政策及补助，如对热门景区进行前期测算，在冬奥会期间限流人数；与此同时，对其他人数较少的景点可进行相关补助，如持有冬奥会现场门票的观众可免费进入游玩，政府则根据入场人数，对景区进行一定比例的补助。

此外，政府部门可以积极营造良好的冬奥旅游氛围，以简明的主题形式把政府支持冬奥会赛后旅游的相关信息传播给群众，让京外游客感知到政府的支持；也可邀请一些有一定社会影响力的个人或团队进行冬奥相关景区的宣传，引发社会关注度，提高社会影响力，从而提高主观规范因子对人们旅游行为意向的影响力。政府也可对景区出台相关改进意见，使旅游景区在规范开发中加入冬奥旅游方面的策划，引导景区加入到北京冬奥旅游体系中。

2. 景区宣传文化，进行特色营销

针对景点特色，进行相应宣传。如 2016 年春节期间，央视播出的《我在故宫修文物》；2017 年，单霁翔院长对故宫进行了一系列改进，如改善故宫男女厕所数量比例，开放故宫多处区域等。这一系列举措让越来越多的人了解故宫，并对故宫产生"故宫是值得去、性价比较高的地方"的感受。冬奥会即将在2022年举办，在此期间，景区为了在数量庞大的北京景点竞争中脱颖而出，争取到行动力较高的群体的首选，可以针对自身特色，设计出能够在冬天吸引游客游玩的方案，有策略地制作景区冬奥期间特色旅游广告，在电视上定点投放；建立旅游门户网站、APP或账号，发布一些冬奥旅游相关资讯；在景区中建立专属冬奥旅游的广告牌和活动区，提供冬奥旅游指南等。作为冬奥会期间游客的旅游目的地，景区可针对冬奥会推出专属活动，策划冬奥旅游活动，建设冬奥旅游设施等。景区应引用科学旅游的开发模式，营造冬奥北京传统文化旅游吸引物，开发策划冬奥旅游的活动产品，吸引旅游者前来参与冬奥旅游活动。

感受文化旅游和体验当地美食可以作为景区营销的重点。作为传统文化旅游地，景区中蕴含相对专业的知识，可以聘请专业的讲解团队，在冬奥会期间进行定时讲解，在人流大时可以随人流行动，实行专区专讲，每位讲解员只负责讲解部分区域内容，区域走完游客可跟随下一区域讲解员继续游览，最大化控制时间、体力成本。对于人流较少的景区，实行人工讲解和智能语音讲解并行。每日固定时间实行人工讲解，游客可选择固定时间来游玩参观；其他时间实行智能语音讲解，当游客走到展品附近，智能语音讲解自动开讲；或在前台推出免费语音讲解对讲机，有需要的游客可自行使用，参观完毕归还。

3. 旅行社提升服务和产品，协同合作发展

政府部门出台相关政策，整改北京地区旅行社，做到知情、可控。旅行社内部加强管理，杜绝讹钱、强制消费、上车睡觉下车拍照等常见陋习，做到让每一位游客信任。在规划路线方面，打造精品路线，加入冬奥元素，加大游客在游玩过程中的自由度，降低行程密度，充分考虑游客需求，让游客充分感受到属于每一个景点的文化魅力，景

点贵精不贵多。合理收费，增加游客的选择度，可介绍每个景点的特色游玩点，让游客自行选择，降低成本，进而降低消费。

在服务方面，以"服务至上"的工匠精神满足游客需求，提高顾客的忠诚度，高品质的服务与产品才是竞争的关键。价格战往往让旅行社降低对旅游产品与服务的要求，但这绝非长久之计，只会陷入恶性循环。因此，旅行社要加强导游人员的服务培训，注重旅游服务过程中的质量监控，对投诉反馈抱以积极的处理态度，开展良性竞争，树立品牌意识，形成良好口碑。除此之外，旅行社可与景区联动，形成良性循环。最低的价格往往代表最大的人流，按照人头和旅行社分成，做到双方利益最大化。

二、2022 年冬奥会背景下北京文化旅游产业升级研究

（一）研究背景

1. 大型赛事活动促进文化旅游产业建设

2015 年 7 月 31 日，国际奥委会主席巴赫在吉隆坡会展中心宣布北京成功赢得 2022 年冬季奥林匹克运动会申办权。自此，北京正式进入了一个新的奥运周期，与奥运会同时到来的将会是巨量的游客增长与消费的增加，北京势必为此做出新的应对，为将要到来的冬奥会做更周密的准备。

每当有大型赛事举办，就离不开城市的升级建设。城市的升级将推动文化旅游等周边产业的发展。只有建立一个配套的、发达完善的

交通、通信、旅游饭店等设施服务体系，才能真正应对好大型赛事的到来。这是一个国家或地方经济、文化的综合体现。以 2008 年的北京夏奥会为例，北京为当年的夏奥会进行了精心的筹备。奥运会投资 1800 亿元人民币，建设 142 个重点项目，其中修建 31 个大型比赛场馆和 59 个配套训练场地，五条城市环线道路和 109 千米长的最新地铁网络体系，为首都国际机场修建了通向城市内网的机场专线铁路，同时加强了对环境的改造提升并且取得了很好的进展。这些所带来的是人民群众生活质量的提升，也是文化旅游产业的一次大幅提升。此次 2022 年冬奥会的举办，也必将进一步促进北京文旅产业建设，提升北京的国际地位与形象，使更多的人尤其是国外游客对北京产生新的认同。

2. 冰雪旅游消费市场有待激活

在北京—张家口开始筹备申办冬奥会时，政府曾正式提出"带动三亿人参与冰雪运动"这一值得期待的美好愿景。在这个目标的推动之下，同时借助冬奥会正在紧锣密鼓筹办的时期，我国冰雪产业的能量正在不断上升，这其中存在着大量的商机。我们的政府一直在出台相关的扶持政策，资本开始不断地聚焦到这片在中国还处于发展初期阶段的领域，试图建立一条"冰雪产业带"。从政府到企业都在新的风口下寻找商机，期待进一步激活市场，释放更多"白色经济"红利。冬奥会的举办将带来北京文化旅游产业新的升级，这种升级也许不是量的提升，而是一次结构性的改造，因为冬季运动目前在我国尚属发展不成熟的阶段，如何让国人有一个新的消费刺激点成为这一次文化旅游产业升级的新目标。

3. 北京文化旅游产业面临转型升级

北京的文化旅游产业一直是一个优势产业。这得益于北京本身所拥有的悠久的传统和历史。作为一个五朝古都，北京的历史文化旅游显得格外突出，根据北京市文化和旅游局统计信息，北京市核心旅游景点的年度游客客均收入贡献自 2014 年开始就一直处于稳步增长的状态，2018 年的客均收入为 27.88 元，达到近十年的峰值。客均收入贡献的提升主要得益于旅游景点整体服务水平的提升，以及文旅商品创新所带来的销售转化率的提升，如故宫将文化融入到其周边产品的模式。北京的文化旅游产业也面临着转型，现代的创意文化游的数量比重正在上升，如何做一些应对如配套设施的建设等成为需要重视的新问题。

冰雪文化旅游现在处于一个上升的势头。随着以滑雪为首的冬季运动在年轻人当中的逐渐兴起并渐渐演变成一种潮流，冰雪旅游的需求也大幅提升，人们热衷于去东北、河北的大型滑雪场体验新的休闲方式。这带动了冰雪文化游的发展，北京作为一个同样拥有冰雪旅游先天条件的城市也将成为一个优质的目的地。因此，未来北京的文化旅游产业很可能向此偏移重心，政策方面也会更加重视冬季运动文化旅游的一系列发展。

（二）北京奥林匹克公园地区发展概况

北京奥林匹克公园地区整体按照功能可被划分为三部分：北边是奥林匹克森林公园，占地近 7 平方千米。中部是核心功能中心区，占地近 3.2 平方千米。南边是已建成的场馆区和预留区，占地 1.6 平方千米。本次冬奥会主要的改变为新建国家速滑馆"冰丝带"，以及升级改造"冰立方"。另外，园区内还在开展国家会议中心二期的建设。

1. 交通线路合理

北京奥林匹克公园地区位于中轴线以北，总占地面积约为 11.6 平方千米。北边最远到达清河南岸，南边则是北土城路，向东可以延伸到安立路和北辰东路，向西则到达林翠路和北辰西路，该区域设计有地下环形交通走廊通道，全长近 10 千米。里面有一条作为亚洲最长的城市隧道的主干道，长度达到 4.5 千米。

地下的条环形通道主体长度近 4500 米，整个地下工程全长 9930 米，宽 12.25 米。走向和中心区的南一路、湖边东路、北一路、景观西路基本上是一样的。东西两侧的通道距离地面整整 13 米，南北两侧距离地面近 8 米。与地面相连的出口长度约 3720 米，一共有 3 条车道，只允许单向逆时针行驶，并且限速 30 千米/小时。一共设有联通外面的 25 个出入口，平均每二三百米一个。出入口联通北四环路、成府路、大屯路、科荟路、北辰路等城市主干道。地下通道在设计之时就与周边的建筑、楼宇、各大功能区内的地下车库联通，并且考虑到未来的规划，为未来计划建设的功能区预留了 34 个联通接口。

2. 业态布局多元

"科技、绿色、人文"是北京奥林匹克公园地区业态布局的核心概念。办公、商业、酒店、文化、体育、会议、居住等元素已经较好地融入整个园区，多种综合功能的融入使北京奥林匹克公园地区的受众更广，可以举办的活动类型更多。南边是以场馆聚集的形式，进行大型赛事活动的区域，而中心区则有大型会展场所以及商场购物中心，北部则是针对市民开放的奥林匹克森林公园。真正做到以国际体育场鸟巢为整个园区的中心来辐射周边所有地区，满足常年举办各类大型赛事、演出、展览、会议等活动的先天条件。

3. 旅游资源丰富

北京奥林匹克公园在北京地区有独特的旅游资源优势，地处北京中轴线以北。它是 2008 年夏季奥运会的遗产，同时承接大大小小的各类演出赛事、会议展览等活动。一个地区的旅游价值体现在文化资源上，北京是集传统现代等多元文化于一身的城市，奥林匹克公园地区正是作为奥运城市的体育文化旅游资源而存在的，非常具有代表性，因为2008年奥运会的成功举办使得国内外拥有奥运情怀的人非常多，游客很乐于去体验奥运会为人们留下的重要遗产，况且它们还在发挥余热。在景观上奥林匹克公园地区独具特色，现代化的场馆与北京的城市交相辉映，同时与西北的颐和园、香山等景点相映成趣，足够吸引游客前来游玩（崔焱，2019）。从功能上来说，这里常年举办各类大型赛事、会议展览以及大型演出等，可以满足不同人群的休闲需求。

（三）北京奥林匹克地区现存问题

1. 安检频繁造成交通拥堵

目前，北京奥林匹克公园中心的交通基本可以应对当前环境，但同样存在着普遍的拥堵现象，主要原因是大型活动时人流量较大需要逐一安检。由于该地区的封闭管理，导致任何社会车辆都要到园区周围等候，势必造成拥堵，停车面积有限也导致了该问题。从图6-3可以看到，天辰西路以东的部分就进入了奥林匹克公园的核心地区，该地区禁止社会车辆进入，出租车也只能停靠在天辰西路上进行人员接送。地铁站不是距离所有场馆都很近，且场馆和周边休闲场所之间没

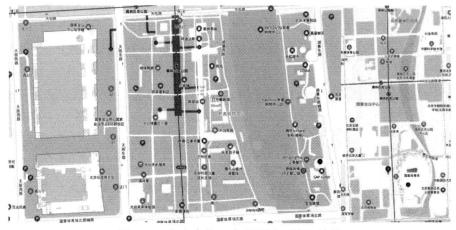

图6-3　北京奥林匹克公园地区核心地带

有足够的摆渡设施，由于私家车不准入内，在场馆与场馆之间只能选择步行。这不利于该地区文化旅游产业的发展。2020 年 1 月，"两会"委员建议游客只需进入鸟巢或水立方这样的场馆需要安检，目的是推翻奥林匹克公园地区现有的繁琐安检以及封闭管理这种严苛的模式，进入园区则不需要重复安检。目前该地区的确面临着旅游旺季时停车难、停车违规占道导致交通拥堵的情况。另外，由于地下停车场位置的不明确、引导的缺失，致使大部分车辆都停在地上车位，造成地面资源占用率过高，负担加重。

2. 文化旅游设施数量不足

住宿设施方面，以鸟巢为中心辐射奥林匹克公园周围地区可以查到四星及以上酒店 490 家，并且在此之前北京和张家口共计有 101 家接待酒店与北京冬奥组委签约成为合作伙伴。北京奥林匹克公园地区将设有预计可以容纳代表团成员 2260 人的冬奥会奥运村，服务范围很广，服务所针对的人群也不同，奥运村和签约酒店主要针对赛事运动员和体育代表团成员，周边酒店服务普通观众和大众消费者，这一类住宿设施往往受众范围大，针对人群更广，现在也同时需要升级服务来应对冬奥会的到来。北京奥林匹克公园地区酒店分布如图 6-4 所示。

娱乐购物设施方面，目前奥林匹克公园周边地区的商区数量是有限的，所有娱乐购物设施都集中在周边的商场和购物中心。从图 6-5 可以看出，目前该地区拥有位于奥林匹克公园内的天虹商场和新奥购物中心，周边则有位于安立路的新辰里购物中心和太阳飘亮购物中心，位于大屯路的日购商城和金泉广场。但奥林匹克公园园区禁止外部车辆进入，如果步行进入奥林匹克公园观看赛事，游客的选择只能集中在位于园区内的新奥购物中心和天虹商场，因为抵达周边商圈的交通并不便捷，需花费较长时间。冬奥会期间人流量巨大，但新奥购物中心和天虹商场的承载能力有限，因此该地区商区娱乐设施数量不足，尚有提升空间。

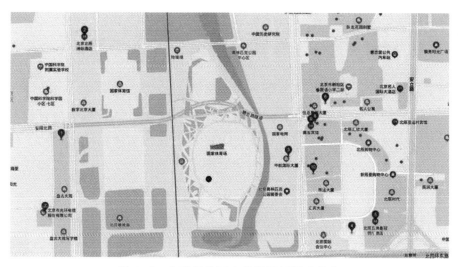

图 6-4　北京奥林匹克公园地区酒店分布

图 6-5　北京奥林匹克公园周边地区购物中心分布情况

3. 场馆由政府规划，缺乏市场化运营

目前北京奥林匹克公园的场馆均由政府规划运营。所有举办的大型活动、演出等都要经过烦琐严格的审批手续，虽然已探索多年市场化运营并实现盈利，但依旧有潜在的进步空间，承接的活动过于政府化、官方化，缺乏年轻化的活动。

目前这些场馆的运营理念可以归为以下三点（陆亨伯，2011）：一是举办大型国际化赛事。这方面主要由国家体育场鸟巢和国家游泳中心水立方承接。二是使活动规划体系建立变得多元化。鸟巢和水立方这样的场馆凭借它们国际化标准的优势，正在孵化出新的媒体、票务、策划公司等相关产业。三是培育自主品牌的项目。如水立方打造了艺术展览子品牌——"艺术水立方"，同时"梦幻水立方"这样的文化演出子品牌也孕育而生，这可以让体育场馆兼职转型成为一个供文化艺术交流的专业平台。目前所做出的积极尝试是市场化运营的良好开端，但还要充分考虑和结合大众需求进行规划，关注年轻群体的关注点和消费点。场馆规划能否适当放权变成很重要的一环，摆脱僵化的活动承办思维，去开拓创新更新、更"潮"的活动。

4. 休闲配套活动较少，难以吸引游客

冬奥会需要配套的群众活动支撑，这一点需要对比崇礼赛区，截至 2019 年的雪季完全结束，崇礼在 101 天的时间内一共举行了国际顶级专业赛事 13 场、国内外大众滑雪赛事 60 场。这其中不乏知名赛事比如国际雪联高山滑雪远东杯、国际雪联自由式滑雪雪上技巧世界杯、国际雪联单板 U 形场地世界杯等国际 A 级赛事，该地区还举办了各类大众赛事和冰雪嘉年华、冰雪音乐节、冰雕雪雕展等群众冰雪活动，共计 19 大类 52 场节事活动、文化、曲艺及娱乐活动。相比之下北京奥林匹克公园地区作为本届冬奥会的主场馆地区似乎还没有让冰雪文化完全融入，这也是文化旅游升级的重点。相比来说，首钢园区的改造现在做得井井有条，似乎正在加紧与冬奥冰雪文化产业的结合。

（四）北京奥林匹克地区升级建议与策略

1. 加大园区开放程度，促进场馆放权管理

第一，封闭的园区造成了交通拥堵问题，奥林匹克公园地区可以建造更多的停车空间来满足机动车存储量，同时取消封闭式管理，允许外来机动车在园区内公路行驶，并且适当减少安检环节的次数。取

消奥林匹克公园地区的烦琐安检还有严苛的封闭管理模式迫在眉睫，游客只需在进入核心区的主要场馆时进行安检，如鸟巢和国家会议中心，进入园区则不需要重复安检，以有效解决该地区面临的旅游旺季时停车难、停车违规占道导致交通拥堵的情况。第二，针对园区内各类场馆的市场化经营问题，建议适当放权或交给一些专业公司来承包策划活动，使该地区举办的活动更加多元化、年轻化，从而摆脱僵化的管理思维。

2. 增加配套设施数量，合理利用现有资源

在现有的已建成的配套设施中，周边的休闲游乐购物设施数量有限，可能无法满足大型赛事带来的人口激增。第一，建议在原有的大虹商场的基础上进行改扩建，也可以修建地上的商业街来满足赛事带来的消费需求的增长。北京奥林匹克公园地区的地面利用率相对来说较低，很多大型广场都可以架设新的设备以及承接大型活动，因此要有效利用这些可以举办活动的区域。第二，增加该地区的停车设施，建议修建停车楼、在区域内新建的场馆中预留出足够的地下停车区域。第三，合理利用现有资源。根据调查，奥林匹克公园地区很多地下车库的真实利用率不高，如新奥购物中心的地下车库。很多私家车主为方便还车将车停在周边的路上，严重影响交通秩序。因而该地区的停车系统还需要更多明确的引导，在比较明显的位置安装提示信息指示牌，提示车主地下车库的泊车位数量，引导更多的车辆到地下泊车。

3. 促进冰雪文化与旅游融合，提高群众参与积极性

第一，建议增加冰雪文化的配套活动。如冰雪音乐节、小型群众聚集性冰雪赛事等。打造品牌化的冰雪文化活动包括音乐节、嘉年华、冰灯展、滑雪赛事等。2019 年 12 月，京津冀冬季冰雪体验推广活动在北京已经启动，借助国际雪日的概念开展了许多活动。在延庆就举办了冰雪欢乐节，在张家口也同时举办冰雪项目座谈会等内容，各地

共计举办了近60项冬季文化体验式的活动，可以将这类活动移植至奥林匹克公园地区，进行当地冰雪爱好者的覆盖。可以继续举办鸟巢欢乐冰雪季，并且有效利用场馆外的地区举办活动。第二，现在正值冬奥预热期，群众的积极性尤为重要。模拟滑雪的门店应保持一定数量，如雪乐山这样的旱雪体验式门店，政府应加大支持力度，以增加这类冰雪体验场馆的数量。奥林匹克公园地区的天虹购物中心内还有很多未招商的地区，建议国家给予相应补贴召集更多冰雪文化体验店，也可以联合各大高校的冰雪社团、俱乐部一起做冬令营形式的推广活动。

4. 关注年轻群体，明晰未来发展定位

北京奥林匹克公园地区未来应该定位在针对年轻人打造的开放式的，可以实现冬季、夏季运动功能转换的，集演出、赛事、休闲娱乐于一体的多功能开放式园区。年轻群体是旅游和娱乐潮流的风向标，年轻人以更偏好轻松时尚的旅行、更自主的旅游消费主张带动旅游业态更新发展，满足旅游者特别是年轻人旅游休闲需求的商业模式，更容易获得长足发展。另外，奥林匹克地区每年的活动应满足游客不同季节的需求，尤其在冬奥会到来时，要重新唤起该地区的消费活力、娱乐活力，在冬奥会期间实现场地效益最大化、利用合理化，探索冬奥会结束后奥林匹克地区旅游的可持续发展对策。

三、2022年冬奥旅游核心区域的合作机制与协同策略研究

（一）研究背景

习近平同志于2014年2月26日首次提出"京津冀协同发展"理

念，旨在通过区域间带动合作及其协同发展疏解北京的非首都功能，并促进津冀两地进一步发展，形成区域间互补、互利共赢的整体发展局面。如今京津冀协同发展战略已经成为我国的重要战略目标，促进京津冀的经济飞速发展。人民日益提高的生活水平，交通、环境有效改善无不在彰显着京津冀一体化起到的引领作用。在"京津冀一体化"及"协同发展"的基础之上，经过投票，北京于 2015 年 7 月 31 日最终击败阿拉木图，获得了 2022 年第 24 届冬季奥林匹克运动会的举办权。本届冬奥会由北京与张家口共同举办。2022 年冬奥会不仅是继 2008 年奥运会后又一个世界性的体育盛典，冰雪运动的新赛道、5G 高科技等设施也迎来了崭新的亮相，向世界各国展现着科技引领未来的无限可能（姬烨等，2019）。此外，北京、张家口、延庆等地的距离也会因为冬奥会的成功申办而被进一步拉近。北京作为中心，不仅要释放其非首都功能，解决阻碍城市发展的"大城市病"，还要带动周边以中小城市为主的"面"的发展，在经济、社会、文化等各方面实现助推。因此，北京与张家口将会在各方面产生更多元化的交流与互动，区域合作则是不可或缺的一步，在旅游产业中尤为明显。

（二）冬奥核心区域连接与合作的基础现状

1. 交通连接现状

2019 年以前，詹天佑主修的京张铁路在 110 年的时间里一直是贯通北京和张家口的重要枢纽。2019 年 12 月，随着京张铁路的姊妹铁路——京张高铁正式建成通车，北京与张家口之间的交通连接发生了质的飞跃。从京张铁路到京张高铁，原本需要 3 个多小时的冗长线路直接缩短到 47 分钟。北京地铁十三号线拆分为 A 线、B 线，直接连通京张高铁，真正意义上实现了北京与张家口的连接交通一体化。

此外，延崇高速公路的正式通车直接连接起延庆赛区与张家口崇礼赛区。延崇高速公路打通了延庆赛区的"最后一公里",让人们在北京赛区、延庆赛区和张家口赛区1小时转场的愿望得以实现。延崇高速的顺利通车使得北京到达延庆赛区仅需50分钟,到达张家口赛区仅需1.5小时。由此,京张高铁和延崇高速把北京、张家口两地紧密地结合在一起,快速发展的交通将为两地提供更加便捷高效的往来。

2. 旅游业发展现状

(1)北京旅游业发展现状。北京经济发展状况良好,无论是在国内还是国际上都颇负盛名。2008年北京奥运会的顺利举办不仅加大了北京的国际知名度和影响力,更显著提升了北京的国际地位,促使国内外更多的游客前来游览参观。据统计,2017年北京市国内旅游者人数达到约30000万人次(见图6-6),国内旅游收入超过5000亿元(见图6-7)。两者均呈现出逐年稳步上升的趋势。截至2019年底,北京已经构建成了丰富多样、品质优秀的旅游产品和旅游服务体系。2019年北京市250家A级景区接待游客数量超过3亿人次。除此以外,北京还拥有文化、休闲、历史、儿童等多种类别的旅游设施和资源,满足各类游客的需求。随着北京申办冬奥的成功,旅游基础设施的建设也在逐步完善,形成一个具有巨大吞吐量、接待能力不断提升的多元形态。便捷性在北京市的各个角落体现得淋漓尽致。

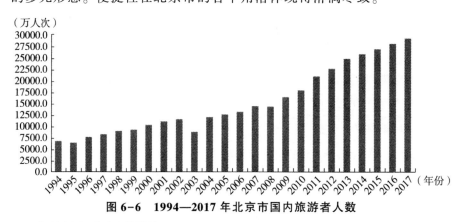

图6-6　1994—2017年北京市国内旅游者人数

资料来源:北京市统计局。

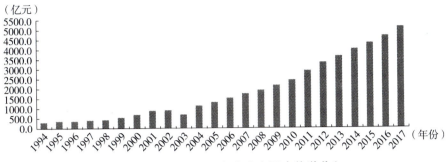

图 6-7　1994—2017 年北京市国内旅游收入

资料来源：北京市统计局。

（2）张家口旅游业发展现状。张家口市作为河北省下辖第二大地级市，市内以山地为主，不仅是重要的城市枢纽，同时也拥有着得天独厚的自然条件。截至 2019 年，张家口市 A 级及以上旅游景区多达 64 个，拥有丰富的旅游资源。张家口市积极推动"旅游+"，与各界进行互联、互通、互动，如"旅游+文化""旅游+农业""旅游+生态"等，打造特色旅游标签，助推旅游业蓬勃发展。旅游设施建设方面，张家口市积极响应旅游高质量发展理念，大力实施环境整治、廊道绿化等项目，升级旅游景区，致力于打造有质量，满意度、舒适度较高的旅游设施。2019 年的具体建成措施主要有张家口新南站建成落地、清水河水利风景区获评国家风景区、纬二桥竣工、京张高铁通车、新机场 T2 航站楼通航等。北京与张家口旅游业对比分析如表 6-4 所示。

表 6-4　北京与张家口旅游业对比分析

城市	定位	面积（万平方千米）	常住人口（万人）	A 级景区数量（个）	星级饭店数量（个）	公交线路总数（条）	机场数量（个）	火车站数量（个）	旅游总人数（万人）	旅游总收入（亿元）
北京	直辖市	1.641	2153.60	250	496	1200	2	4	31000.00	5921.00
张家口	地级市	3.600	442.17	64	小于140	53	1	2	7354.83	859.35

3. 旅游产业政策现状

近年来，我国大力助推和发展旅游业，一方面，旅游业在我国行业发展中具有广阔前景，占据了至关重要的地位，无论是国内游还是国外游如今都广受欢迎。现如今拥有重大贡献的旅游业已经成为不可缺少的一部分。另一方面，随着我国人民生活水平的日益提升，越来越多的人将出行或者旅游作为自己的消遣模式。根据这些情况，近年来政府出台了相关政策。如国务院办公厅发布的《关于加强旅游市场综合监管的通知》（国办发〔2016〕5号）旨在部署改革创新旅游市场监管机制和加强旅游市场综合监管工作；国家旅游局与发改委出台的《全国生态旅游发展十年规划》也从各个方面推动生态旅游的全面协调发展。

在国家大力发展旅游业的同时，京津冀地区也积极响应国家号召，通过一系列措施如整合旅游资源，完善基础设施，优化服务质量和搭建管理体系等促进产业的协同发展。政府积极响应并签署了京津冀文化和旅游协同发展战略合作框架协议，在政策方面助推旅游业发展。

到目前为止，北京与河北在各自领域内都已经实施了《北京市旅游条例》和《河北省旅游高质量发展规划（2018—2025年）》，但是除了京津冀协同发展背景下的旅游政策以外，京冀两地在旅游产业政策方面发挥联结的空间和余地还很大。因此在未来会有更多的支持、促进、保护京冀两地旅游业的政策出台，以实现最全面、最广泛的政策支持。

（三）冬奥旅游核心区域合作动力机制构建

1. 冬奥旅游核心区域合作协同机制

冬奥旅游核心区域合作协同机制是指以北京、延庆、张家口为主，实现各方协同发展的体系构建。行政区域的分割是长期以来抑制区域合作协同的首要因素，只有打破行政区域的分割，才能实现区域旅游合作的发展。冬奥旅游核心区域协同机制的构建则需要依靠政府、企业、当地居民和旅游者在市场协调、利益协调、制度协调等方面的合作发展。冬奥旅游核心区域协同发展机制如图 6-8 所示。

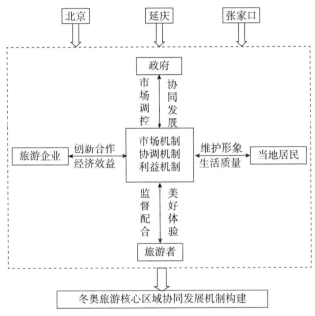

图 6-8　冬奥旅游核心区域协同发展机制

一是政府方面的合作协同。由于三地区位等级、所属省市均有不同，因此政府方面更多地会关注当地的利益，构建起各地方的利益分享、利益补偿和利益保障机制是很有必要的。同时由政府主导的冬奥旅游核心区域的发展也要注重市场机制的作用，整合旅游产业，完善基础设施。二是各地的旅游企业。旅游企业间的差别很大，但是仍需要以企业的利益和目标为主寻找与其他企业间的共同利益和共同目标，在保留本企业特色的基础上进一步深化合作，创新旅游产品。三是当地居民。当地居民应该积极投身于当地的冬奥旅游建设中，鼓励大众积极参与特色旅游产品研发，保护当地旅游资源，维护旅游形象，为当地发展谏言献策，推动旅游产业的整合发展。四是旅游者。旅游者的到来不仅能够为当地提供市场，带来收入，还能起到很好的监督和审查作用。对于当地的服务水平、服务态度、文明程度等方面都能起到很好的规范作用，有助于日后的游客获得更好的旅游体验。

2. 冬奥旅游核心区域动力机制

冬奥旅游核心区域的构建是区域间的合作，区域间的合作势必会有其推进动力，这类推进动力聚合在一起才能形成推动区域间的旅游发展。

第一，政策引导，政策引导是驱使主体自发协同最重要的原因之一。政策引导不仅能够有效促进政府间、大中小企业间的协同合作，更是吸引更多的区域发展主体投身区域合作及协同发展中的动力。财政部、国家税务总局、海关总署指定的《关于北京 2022 年冬奥会和冬残奥会税收政策的通知》中明确规定减免符合条件的企业、媒体等行业本应缴纳的消费税、增值税、所得税等。这恰恰运用了财政优惠政策，不仅使得资源合理配置，更是鼓励了更多的媒体和企业加入跨区域的发展工作。

第二，创新驱动。创新机制要深入贯彻创新驱动发展战略，通过汇集各类创新资源，推动科技创新与冬奥深度融合，形成区域间的有效分工和合作。在支撑冬奥筹办方面，为了准确获取精准的气象服务，采用精细化气象预报手段；为了场馆内可以播放高清直播画面，通过数据信息的处理进行实时回放，采用了新研发的 NGBW（下一代广播电视网）无线交互技术，不仅满足了现场的观众及媒体的不同观感需求，也为在家中观看比赛的人们提供了更好、更精致的画面与服务。在支撑冰雪产业方面，在高校研究院中重点建设冰雪产业发展实验室、中试基地和专业技术研发平台，联合其他国家实现跨国开发冰雪装备、建立冰雪技术研究和咨询机构等。在可持续发展方面，推行场馆绿色排放技术，通过科学化的运行和监测在降低污染物排放的同时还能密切关注排放数据；联结智能场馆与智能城市，应用先进的技术提高水、光、电等资源的质量控制和调控，提升转化效率来实现可持续发展。

第三，基础设施的支撑。基础设施和社会设施的完善能够保证人口的流动和企业的跨区域转移。学校、医院、城市道路网、铁路等的建设直接关乎人口、企业转移或流动的意愿程度，只有产业布局优质且完善的区域之间才能形成稳定的互流。

（四）冬奥旅游核心区域合作及关键问题分析

1. 冬奥核心区域旅游发展的主要障碍

（1）体制性障碍。从京津冀一体化发展来说，确实可以缓解体制性障碍问题，但是由于有限的资源及政策等，体制性障碍依旧存在，它依旧会阻碍冬奥核心区域旅游的发展。同时北京作为我国的直辖市，隶属于中央直接管理，而张家口作为河北省的一个下辖市，隶属于河北省的管理。因此北京和张家口所处层级本就不同。两地区各自为营，缺少相互间的合作，无法形成优势互补，各类资源及要素无法得到有效配置和使用，区域间的发展依然会受到影响。

（2）观念性障碍。观念性障碍指的是政府及相关人员思想上的禁锢，不愿意或者反对区域合作。如只注重自身所在区域的发展，忽视合作可以为本区域带来更大效益；不认同区域合作的理念；产生排他心理；地方保护主义等。观念性的障碍是相关人员需最先突破的一道障碍，只有真心实意地接受它并应用于实践中，才能切身感知区域旅游合作的利大于弊，并为创建更好的旅游机制与方向迈进脚步。

（3）辐射性障碍。北京的虹吸效应吸引着各路人才会集北京，削减了张家口的人才储备，并在一定程度上加大张家口的人才流出。虽然京津冀一体化很大程度上缓解了北京的虹吸效应，但是并不能根除，虹吸效应至今仍然存在。人才的数量直接关系区域的经济及未来经济发展，也会影响本地区旅游业的发展。

（4）生态环保的矛盾。由于北京与张家口两座城市不同的城市定位与发展目标，它们在侧重点上也会有不同的地方。北京作为首都，在经济飞速发展的同时越来越注重保护城市的生态环境，打造绿色都市。张家口市作为河北省的下辖市，地形丰富，山林茂盛。它更注重自身的发展与脱贫工作，往往忽略了对于生态环境的保护。同时，北京诸多大型工厂都外迁到河北地区，这更加剧了对于生态环境的恶劣影响。张家口作为北京的上风、上水位，其生态环境其实也关乎着北京地区的生态环境。因此，两城市在生态环境方面不同的目标与态度，进一步限制了区域旅游的合作。

2. 冬奥核心区域旅游合作发展的突出问题

（1）缺乏旅游凝聚力，区域发展不均衡。北京作为我国旅游产业、旅游资源的发达地区之一，拥有得天独厚的自然资源以及丰富多彩的人文资源，同时作为我国北方经济增长圈中最重要的城市，在诸多方面的资源、影响力等都要大大强于张家口。由于北京的优势颇多，所以能够吸引来自海内外的各地游客，颇具盛名。这也导致了北京的一枝独秀，与张家口在旅游方面的合作及协同较少。本就发展不均衡的区域差距不断加大，若是未来需要合作，还要考虑两地的经济问题，困难重重。虽然冬奥会的申办让北京扮演一个"传帮带"的角色，但是想要彻底凝聚旅游业，改变区域发展不均衡的现状还有很长的路要走。

（2）旅游产品同质化。在地理位置上，北京毗邻河北省。追溯到历史渊源，两地也是同根同源。同样拥有丰富的自然景观和人文景观。这就导致了北京与河北的旅游产品必然会出现同质化的问题。考虑其他方面如经济、社会等影响，更多人会选择北京作为旅游目的地，使得河北旅游市场发展较为缓慢。同时各地方往往只注重各自本身的利益，更是加剧了产品同质化带来的影响和危害。

（3）缺失旅游整体定位。杨振之在《"形象遮蔽"与"形象叠加"理论研究》中指出：在一定区域内，旅游资源级别高、特色突出、产品品牌效应大、市场竞争力强的旅游地在旅游形象方面也更突出，从而对其他旅游地的形象形成遮蔽效应。根据理论，北京恰好对河北形成遮蔽效应和影响，阻碍了河北的发展。对于区域间的旅游缺乏相关定位和规划才会导致这种叠加、重复的情况发生。旅游资源相近相似并不可怕，对于整体的合理编排定位规划可以有效地解决这类问题，但是正是缺了最基本的定位，才导致遮蔽效应的产生。

（4）串联线路缺乏。近年来，对于一座城市的深入体验备受追捧，因此深度游成为了人们出游的主要形式之一，越来越多的年轻人选择该方式出游。这类出游理念的变化进一步缩小了北京与河北之间旅游线路的选择。由于各种各样的原因如遮蔽效应、交通条件等，人们更会选择前往北京进行深度游，因为北京也包含了与河北类似的自然与人文景观。因此，北京市内的各种旅游路线层出不穷，串联起北京与河北或北京与张家口的旅游路线却越来越少。

（5）旅游服务整体水平偏低。2018 年河北省统计的旅游消费者满意度调查报告中显示，张家口市是满意度最低的城市。中国旅游研究院发布的 2010—2015 年第二季度《全国游客满意度调查报告》中显示，张家口市低于全国平均水平，北京也只略高于全国平均水平。随着人们对于旅游服务的日益敏感与注重，提升区域内的旅游服务水平就愈发重要。低水平的旅游服务水平不仅对于区域内本身的旅游业及口碑形成负面影响，也抑制着区域旅游合作的进展。

（五）冬奥旅游核心区域协同合作路径优化

1. 制定相关扶持政策，做好顶层设计

政府不仅要落实、规范有关政策条文，以加速旅游业的发展，还

要对整体规划、未来发展做出一个全方位的政策落实。同时还要加大区域旅游合作的规划设计，考虑整体的长远利益，框架清晰，避免盲目攀比和建设。

2. 持续优化旅游产业结构和融合发展

随着冬奥会影响力的不断扩大，冰雪运动越发丰富。"冰雪+"的形式也给了游客不一样的体验。因此，旅游业也应该与电商产业、第一产业、服务业等相互借鉴合作，共同发展，集大成于一身，形成具有特色的广为游客所接纳的旅游业。2022年冬奥冰雪运动在三大主会场也呈现一个递进过渡的趋势，从北京到延庆再到张家口，也是一个从冰上项目到雪上项目的转变。当不同的文化碰上各自的冰雪项目，也具有一番别样的风味。

3. 持续完善公共服务体系和冬奥专用通道的建设

大兴机场的通航、京张高铁的运行、延崇高速的贯通在交通方面不断完善。通过新道路的建设、旧道路的贯通，开展连接冬奥12个竞赛场馆专线等方式，早日实现张家口迈入首都"一小时经济圈"，为冬奥旅游行动提供更便利的措施。除此以外，地标的明确性和规范性、停车位问题、配套服务问题等也是亟须改进和完善的。只有把旅游的标准化和一体化建设放在首位，才能吸引更多的游客，保障游览质量，才能更好地实现协同合作。

4. 树立区域旅游整体形象，加大宣传力度

北京、张家口应借助冬奥会这个广阔的平台，在会前、会中、会后进行持续的调研和分析，对客源进行细分和定位，针对不同群体设计合理的、北京—张家口旅游一体化的形象。同时，整合区域旅游品牌，对旅行社品牌、纪念品品牌、酒店品牌、餐饮品牌等进行统一整合，推出精品旅游路线，强化核心区域的整体旅游形象。此外，由于

张家口的知名度较低，需借助冬奥会契机在滑雪场地、旅游局网站等方面进行大力宣传，只有提升具有潜力的张家口旅游业，才能显著提升促进区域旅游合作。

5. 建立信息共享平台及投诉通道

信息共享平台的建立，使大众更便捷地了解区域间的各种信息，实现公共服务的一体化和全面化，还能够加快区域间的人才流动、技术流通、成果共享。在线上旅游产业链中建立打通北京、张家口的游客绿色投诉通道，有助于对于游客的诉求、反馈意见及合法权益等进行及时的处理及反馈，便于应急预案的及时生成，提高应急速度，树立区域旅游的良好合作形象。

四、2022 年冬奥会带动北京、张家口冬季旅游一体化发展的模式研究

（一）研究背景

1. 北京和张家口获得冬奥会举办权

2015 年 7 月，北京、张家口成功获得 2022 年冬季奥运会举办权。作为温带季风区北方城市，北京和张家口冬季旅游行业优势明显。北京作为我国的首都，旅游业发展起步早且迅速，具有很强的影响力。2019 年，北京位列"2019 年世界旅游城市发展排行榜"第五，全年接待旅游总人数 3.22 亿人次，实现旅游总收入 6224.6 亿元。张家口作为"中国十佳冰雪旅游城市"（2017 年），冬季旅游资源丰富，张家

口崇礼是华北地区最大的天然滑雪场,有"东方达沃斯"之称,也是冬奥会的三个主场地之一。因此,此次成功申办冬奥会,不仅能向全世界展现中国形象,还能够强有力地推动京津冀协同发展的步伐。同时,也在内容上为北京、张家口冬季旅游一体化赋予新的内涵。

2. 政策层面:构建京津冀一体化发展战略

自 2012 年以来,我国经济社会发展进入新阶段,显著标志之一是区域一体化发展向纵深推进,其中,最具代表性的是"长三角地区""珠三角地区"和"京津冀地区"。京津冀地区作为全国最受关注、最具发展潜力的地区,自区域协同发展上升为国家战略以来,一体化得到了飞速发展。2015 年《京津冀协同发展规划纲要》指出,今后将不断完善京津冀一体化的顶层设计,助力京津冀协同发展。京津冀三省市也根据京津冀协同发展战略和总体规划要求,按照"功能互补、区域联动、轴向集聚、节点支撑"的总体思路,推进包括旅游一体化在内的区域协同发展。综上,在政策层面,京津冀一体化战略为北京、张家口冬季旅游一体化奠定了基础。

3. 北京、张家口冬季旅游一体化发展进入新阶段

受体制机制、城市规模、资源稀缺、空间距离等因素影响,长期以来,北京和张家口两地冬季旅游处在相对孤立、各自发展的状态,在一体化、协调化、差异化的发展层面仍存在不足之处。伴随"十三五"规划圆满收官,"十四五"规划有序推进,在前期发展基础上,北京、张家口冬季旅游一体化以"冬奥会"为标志内容,以"京津冀一体化"为政策背景已经进入了新的发展阶段。2022 年冬奥会即将举办,北京和张家口即将正式进入"冬奥会"时间。

（二）北京、张家口冬季旅游发展现状

1. 北京冬季旅游发展现状

（1）冬季旅游资源。在冬季旅游资源方面，北京因其独有的皇城文化、都城文化、民俗文化而著称。近年来，结合本地丰富的地质地貌资源，北京深入发掘冬季旅游开发潜力，推出了比较有代表性的冬季文化旅游产品。其中既包括黑龙潭冰雪奇观、双龙峡林海雪原、桃源仙谷冰瀑美景等自然景观旅游地，又包括景山、颐和园、八达岭滑雪场等人文景观旅游地。此外，借助北京冬季独特的气候条件和人文因素，近年来，"雪后看故宫""北京过大年"等具有鲜明北京色彩的冬季旅游产品深受群众欢迎，具有较强的话题效应和品牌效应。同时，北京市区和郊区分布着多个滑冰场、滑雪场等冬季旅游场地设施，有着冬季嬉冰、嬉雪的文化传统。仅 2016 年，北京参与滑雪活动的民众就达 171 万人次，在全国高居首位。在结构分布上，北京深入发掘区域资源，因地制宜打造冬季旅游场地。为了实现游客疏解，结合北京的城市交通，中小型雪场呈点状分布在城区，大型雪场集中在交通便利的近郊区，整体依附于交通网络呈放射状分布，能够满足不同群体的冬季旅游需求。

（2）冬季旅游产业。在冬季旅游产业管理方面，北京拥有良好的旅游管理基础条件、健全的旅游产业管理体制和较好的旅游发展软环境。2017 年 5 月，北京市人大常委会审议通过《北京市旅游条例》，以地方立法的形式规范了相关人群的权利义务，并明确规定了冬季旅游、"民宿"等新兴旅游业态的内容方向，对促进冬季旅游在内的旅游行业规范化发展起到积极作用。在旅游基础设施方面，北京旅行社数量、星级酒店数量位居全国前列，国际机场、高速公路等公共交通网络发达，具有突出的冬季旅游接待能力。

成功申办 2022 年冬奥会之后，北京加强统筹规划，引导各区结合自身条件，推进冰雪场地设施建设，冬季旅游迅速发展。仅冬奥会申办成功后的一年内，北京就新增了 8 个商业滑冰场。按照《冰雪运动发展规划（2016—2025 年）》的目标要求，北京市以 2022 年北京冬奥会场馆建设为中心，同时加快推进其他冰雪场馆建设，实现冰雪场馆与冰雪旅游的融合、多元化北京冰雪旅游产业的发展（吴玲敏等，2019）。截至 2018 年 4 月，北京共有雪场 22 座、室内外冰场 71 片、嬉雪场地 37 个，为群众参与冰雪运动和冬季旅游提供了重要场所。特别是围绕冬奥会比赛需求，在北京城区、北京延庆等新建、翻建一批高水平冬奥场馆，地标作用显著，成为游客"打卡"胜地，吸引带动冬季旅游发展。2019 年北京市各辖区滑雪场数量如图 6-9 所示。

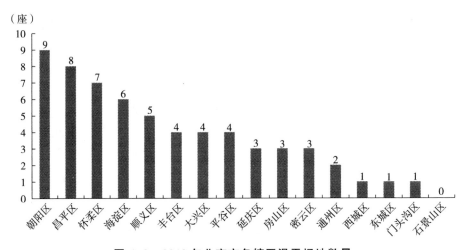

图 6-9　2019 年北京市各辖区滑雪场地数量

资料来源：《中国滑雪产业白皮书（2019 年度报告）》。

以申办冬奥会为契机，北京发挥自身优势，连续举办了多项具有国际影响力的冬季冰雪运动赛事，仅 2018 年北京市就成功举办了一系列国际级、国家级、省级和市级冰雪运动赛事，包括 14 项国际和国家级高水平赛事（如沸雪北京国际雪联单板滑雪大跳台世界杯、中国奥迪杯世界花样滑冰大奖赛等），9 项省级比赛（如京津冀大学生高山滑雪比赛等），46 项市级比赛（如北京市大众滑雪锻炼等级标准测试等），进一步提升了北京冬季旅游影响力（吴玲敏等，2019），形成了广域性冬季旅游文化产业服务集群，吸引了国内外游客特别是冰雪旅游爱好者的广泛参与。据统计，2019 年北京市接待游客数（国内）达3.18 亿人次，与上一年相比增长 3.7%；国内旅游总收入创 5866.2 亿元，与上一年相比增长 5.6%；国际旅游收入为 51.9 亿美元。

2. 张家口冬季旅游发展现状

张家口是位于河北省西北部、隶属河北省所辖的地级市。近年来，张家口充分发掘自身所拥有的山地、林场等资源条件，紧紧围绕冬季旅游进行开发，实行错位发展，打造京津冀地区较有影响力的冬季旅游目的地。

在 2015 年成功申办冬奥会前，张家口已经成为河北冬季旅游特别是滑雪产业的核心区块，在京津冀地区享有一定的知名度和美誉度。相关资料显示，2014—2015 年雪季，常住人口仅有 442.17 万人的张家口迎来大量游客，其中仅张家口崇礼接待游客人数就达 167 万人次，旅游收入达 11.7 亿元。在成功申办冬奥会后的 2015—2016 年雪季，张家口崇礼接待游客激增至 218.5 万人次，旅游收入增长至 15.4 亿元。2016—2017 年雪季，张家口崇礼接待游客高达 267 万人次，创下19 亿元的旅游收入。从河北全省来看，张家口的滑雪接待人次占全省的比例最高，位列全省第一，如图 6-10 所示。

2022 年冬奥会成功申办后，河北省先后组织了"健康河北、欢乐冰雪"河北省雪季系列活动、中国崇礼国际滑雪节、张北冰雪文化旅游节、"大好河山、激情张家口"冰雪季等活动（段小平，2018），助推旅游业发展。在冬奥会品牌的牵引和放大效应下，张家口冬季旅游产业蓬勃发展，基础设施不断改善，接待能力不断提升。截至 2018 年底，张家口崇礼已建成大型雪场 7 家，拥有高级、中级、初级雪道 169条、162 千米，各类缆车索道 67 条、44.5 千米，日均接待能力超 5 万

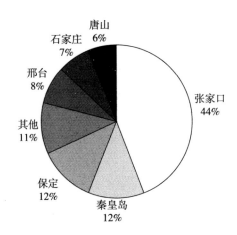

图 6-10　滑雪接待人次地域分布

资料来源:《河北省冰雪活动蓝皮书(2018—2019)》。

人次,成为全国唯一位于华北地区且位列"十佳冰雪旅游城市"。同时,张家口借助天然冰雪资源,连续多年举办国际大型冰雪赛事,进一步提升旅游影响力和知名度。

(三)北京、张家口区域旅游一体化的发展结构特征及分析

1. 结构特征

运用"点—轴"理论进行分析,可以发现,北京、张家口地区呈现出鲜明的"两点""一轴"结构特征,具备以"点—轴"理论为基础,推进北京、张家口冬季旅游一体化的理论前提和现实可能。从"点"的角度来看,北京和张家口两座城市在旅游资源上具备成为"点"的条件。

作为我国首都,北京以历史文化名城著称,并具有很强的国际影响力,是国内突出的旅游资源富集地、旅游目的地和旅客集散地,并能够较强地辐射带动周边地区旅游业发展。同时,根据中央对北京

"四个中心"建设要求，旅游业属于第三产业，符合"文化中心"和"国际交往中心"的定位，是北京大力支持发展的朝阳产业，特别是冬奥会这块独一无二的旅游金字招牌，为北京冬季旅游发展注入新的活力。张家口作为区域中心城市，处在北京一小时城市圈的辐射半径中，同时冬季旅游资源富集，冬季旅游基础设施条件较好，具备与北京实现功能互补、错位发展的现实条件。

从"轴"的角度来看，自然地理和人文地理两个层面的密切联系，使得北京和张家口存在"轴线"联系的可能。自然地理上，北京坐落于"北京湾"中，地势西北高、东南低，处于燕山山脉和太行山山脉夹角。向西北出发，群山林立，经北京昌平、居庸关、北京延庆至河北张家口，天然形成了一条通向西北方向的通道，成为了连接关内关外、坝上坝下的通道。无论是历史上的清代官道还是近代以来的京张铁路都由此经过，密切联系了北京与张家口两地。

在人文地理上，按照京津冀协同发展规划要求，京津冀一体化初步形成了"双城""三轴"的空间格局，如表 6-5 所示。

表 6-5　"双城""三轴"空间格局

空间格局		具体内容
"双城"		北京
		天津
"三轴"	东南轴线	北京—天津城区—滨海新区
	南轴线	北京—保定—石家庄—邢台—邯郸
	东北轴线	北京—唐山—秦皇岛

由此可见，京津冀一体化发展的整体态势偏向东和东南方向（元利兴，2019），根据区域均衡发展要求，伴随冬奥会举办，北京、张家口地区将加速形成"北京—张家口"呈放射状分布的、更加均衡的西北轴线，呈现出京津冀协同发展的新轴线。

总之，北京与张家口之间存在着经济社会资源之间的"密度差"，存在着经由"轴线"连接，实现从"高密度"的北京向"低密度"的张家口扩散，最终实现功能互补，形成一体化均衡发展的可能性。

2. 发展分析

从必然性角度分析，联合申办模式对推动北京、张家口冬季旅游一体化发展起到决定性作用。在这一模式下所举办的冬奥会属于大型赛事（大型事件）（关秋红，2019）。大型赛事跨区域合作必然要求合作方超越地域本位、部门本位，站在形成规模效应的角度和高度，密切各方合作。基于冬奥会需求，北京和河北（含张家口）等相关政府机构之间签署多项合作协议，其中就包含旅游一体化相关协议。

根据利益相关者理论，大型赛事的影响力必然要超出赛事举办方（政府）的影响范围，能够延伸到相关产业领域，吸引带动旅游业及相关行业发展。可以说，北京、张家口联合申办冬奥会的进程，就是以冬奥为品牌带动相关上下游产业协同发展的进程。

从可能性角度分析，城市发展水平和基础设施等为旅游一体化提供了现实条件。从城市发展水平角度来看，伴随经济社会发展，特别是成功申办冬奥会后，居民冬季旅游消费需求旺盛。但北京的旅游接待能力趋于饱和，受限于城市开发要求和自然资源禀赋，除具有象征性的冬奥会场馆满足专业比赛需求外，北京主要满足体验式冬季旅游，大众冬季旅游需求无法得到有效满足，需求与供给之间存在明显差距，呈现出鲜明的"有需求、无能力"状态。

张家口作为冬季旅游重要目的地，在有序开发的基础上，冬季旅游供给能力有进一步提升的空间，有能力承接由北京外溢的冬季旅游需求。同时，张家口作为地级市，常住居民数量在400余万人，呈现出鲜明的"有能力、无需求"状态，冬季旅游表现为鲜明的外向型导向，以外来游客为主要客源，特别是以北京为主要游客来源地。

从基础设施角度来看，现有研究表明，随着城市交通网络的日益完善，旅游产业要素逐渐聚集，旅游市场规模扩大，借助高铁和城际轨道交通，中心城市成为了旅游集散中心，借助特色开发和明确定位，沿线城市将形成新的旅游集散中心（杜洁莉，2020）。

（四）冬奥会背景下北京、张家口冬季旅游一体化模式分析及对策

1. 北京、张家口冬季旅游资源的整合开发模式

作为北京、张家口冬季旅游一体化的基础，冬季旅游资源是基于对冰雪等天然资源进行人工加工形成的独特旅游资源。目前，旅游资源整合开发普遍来说存在政府主导、市场主导和政府—市场联合开发三种模式。由于冬奥会这一政府主导的大型赛事作为区域一体化的背景，在推进冬季旅游一体化进程中，结合两地实际，应当坚持政府主导、市场推动的开发模式，即宏观上由政府把握总体方向、微观上充分激发市场活力，横向上坚持资源合理有序开发与环境保护共同发展的理念。

在政府层面，坚持用好政策工具，避免无序开发。由于冬季旅游是在特殊时间（北方冬季，以 11 月至次年 4 月为主）、特殊空间（华北山地，生态较为脆弱）下开展的，在自然属性上有其特殊之处，环境保护压力较大，在旅游资源开发中应以确保资源环境承载力为首（丁正山等，2012）。考虑自然资源具有共享性，应着重做到坚持"绿水青山就是金山银山"的理念，注重环境保护方面的协同，坚持因地制宜，对冰雪旅游场地建设实施最严格的环境评估，在确保办好绿色冬奥的同时，留下宝贵的自然遗产和冬奥旅游遗产。作为京津冀旅游一体化的关键环节，加快建设京津冀生态文明示范区，不断完善跨区域生态补偿机制，加强区域生态环保合作极其重要（元利兴，2019），应从以下四个方面开展。

（1）顶层设计。在资源整合开发顶层设计方面，京津冀各方制定了一系列发展规划，如《河北省冬季运动发展规划（2015—2022年）》《北京市人民政府关于加快冰雪运动发展的意见（2016—2022年）》等（沈伟斌，2017）。但具体到旅游行业，特别是北京与张家口之间的区域旅游一体化，目前仍然缺乏统一的协调机构和相关规划。考虑未来北京、张家口冬季旅游一体化的发展方向是成立一体化旅游区，建立统一的协调机构势在必行。

（2）资源交易。旅游资源交易是实现旅游资源整合开发的重要途径。2014年，在北京旅游资源交易平台的基础上，京津冀三地共同签署了战略合作协议，建立了以京津冀旅游资源为主体的交易平台。受开发资质和开发条件等因素限制，目前，张家口当地的冬季旅游资源投资仍然以本土企业为主，资源交易和投资开放度有待提升。下一步，要细化旅游产业要素自由流动层面的内容，充分发挥北京在资源、产业等方面的比较优势，带动旅游项目资源利用，支持旅游项目招商与旅游企业融资，保障旅游企业股权交易与旅游实物资产交易的顺利进行。同时打通流通壁垒，确保旅游产业要素的自由流动与高效配置，进一步完善北京、张家口两地的旅游市场构架。

（3）软性资源。"软性资源"是冬季旅游资源开发的重要组成部分。整合开发旅游资源特别是文化"软性资源"以旅游线路的开发与旅游推广活动的开展为核心内容。在组织开展旅游推广活动方面，相较于冬季旅游基础设施开发等需要较大资金体量的项目，北京、张家口两地在冬季旅游与民俗文化等方面，进行深层次开发，取得了较好的效果。如北京市民快乐冰雪季雪地嘉年华，其主要目的是通过冰上娱乐、雪地娱乐、特色民俗体验等体验项目让游客和市民参与冰雪运动。再如延庆冰雪欢乐节等活动，利用重点冰雪体育赛事、新春民俗活动、冰雪运动项目等，推动冰雪旅游与群众性冰雪运动深度融合。通过冰雪旅游带动全业态旅游发展，将是北京、张家口冬季旅游一体化的重要组成部分（吴玲敏等，2019）。

（4）"点—轴"线路。结合"点—轴"线路建设，推广冬奥相关旅游线路，串点成线，有意识地引导旅游消费者沿着京张走廊"轴"的方向进行游览消费，以文化旅游将北京、张家口两地旅游资源密切整合起来。在《京津冀旅游路书》中，三地联合推出了 56 条京津冀旅游线路，分别由北京、天津、河北三地出发，包揽了京津冀三地的特色景点。在此基础上，北京延庆、张家口崇礼等地围绕文化产品，开发出多条冬季特色旅游线路，将平原地区和山地地区串联起来，深入发掘各类旅游资源，如冰雪、温泉、民宿等，形成贯穿京西北的旅游文化走廊。

2. 北京、张家口冬季旅游产品的营销模式

（1）整体营销。在整体营销上，应当坚持北京、张家口两地作为一个整体，突出"北京、张家口冬季旅游带"的概念。旅游带不仅是地理意义上的京张走廊，更是文化意义上的区域旅游一体化产物。联合申办冬奥会，为推广北京、张家口两地，推进冬季旅游一体化提供了绝佳的名片。但考虑到冬奥会与冬季旅游既密切联系又有所区别，因此，在冬季旅游形象宣传模式上，需要结合北京、张家口两地资源禀赋，通过借助已经成形并较有影响力的中国旅游产业博览会、中国北方旅游交易会等平台，展示宣传北京、张家口冬季旅游资源。通过设计统一标识、统一吉祥物、开展线上线下推广等方式，对"北京、张家口冬季旅游带"进行整体包装、整体推广、整体营销。特别需要注意的是，伴随互联网的迅速发展，传播语言和传播媒介发生急剧变化，在旅游文化宣传品制作上，应注意把握传播规律，注重修辞方式视觉化和综合化、传播形式卡通化和通俗化，同时注重海外媒体和社交媒体的运用，突出冬奥会的世界属性，以可视化、便利化的表达来进行推广（赵继敏，2019）。

（2）品牌营销。在品牌营销上，应当特别注重把握"冬奥会"品牌建设要求，既最大化发挥冬奥会品牌作用，又避免降低品牌要求、

相关旅游产品粗制滥造，从而影响美誉度。作为具有国际影响力和独立知识产权的大型国际赛事，冬奥会的品牌作用举世瞩目。因此，在直接涉及冬奥会的相关旅游产品上，必须坚持统一管理，在旅游产品营销上，坚持北京冬奥组委授权专业运营公司，统一管理有关产品，形成"冬奥会+"的核心旅游产品。在冬季旅游景区、冬季旅游产品上使用冬奥会标志时，要进一步加强审核，避免任何低质量的旅游产品和服务损害冬奥会的美誉度。目前，在北京冬奥组委框架下设有专门机构，对相关冬季旅游产品特别是涉及冬奥会标志使用的相关旅游产品进行把关，相关旅游产品质量可以得到有效保障。

（3）系统营销。在系统营销上，充分发挥"冬奥"品牌效应，坚持统一管理、梯队运营的模式，形成"核心—边缘"的产品营销模式。其中，"核心"产品是与冬奥会直接相关的产品，包括由冬奥组委授权有关组织和公司开发的冬季旅游产品，以及冬奥会期间、冬奥会后直接依托冬奥场馆等地标性建筑开发的冬季旅游产品。同时，充分发挥"冬奥"品牌的示范作用和溢出效应，对服务于冬季旅游，但与"冬奥"品牌关联度不大的相关产品，也就是"边缘"产品，也要积极鼓励开发。另外，应当允许并且鼓励相关旅游产品"搭便车"，借势冬奥会实现旅游、民宿等相关产业发展，为消费者提供一条龙旅游产品服务，最终实现以冬奥会为标志、以"冬奥+"为载体的旅游产品集群。

3. 北京、张家口冬季旅游产业的合作模式

在旅游产业合作模式上，立足"点—轴"理论，北京、张家口两地应该明确各自功能定位。其中，北京是"点—轴"的中心城市，张家口是"点—轴"的次中心城市。通过实现双向对接，推动旅游产业深度融合，使区域旅游相关产业沿京张走廊铺展开来。

结合北京、张家口两地的资源禀赋和各自优势，在联合申办冬奥会过程中，两地已经体现出鲜明的差异化特点。根据两地场馆建设情况以及城市发展水平，在推进冬季旅游一体化进程中，也应体现出差

异化特点。充分发挥北京旅游集散地、资本密集地的特点，以及在旅游开发先期经验方面的优势，同时，充分发挥张家口在冰雪资源富集、生态环境较好、开发潜力较大方面的优势，打造功能互补的差异化核心旅游产业和旅游产品。

（1）北京：明确"四个中心"定位，发挥夏奥经验。北京定位为冬季旅游窗口城市。作为冬季旅游"点—轴"经济带的中心城市，结合北京"四个中心"的城市功能定位，结合北京冬季旅游自然资源禀赋情况，除主城区冬奥场馆和北京部分冬季旅游胜地外，北京应当主要发挥冬奥品牌效应，成为展示冬奥、推广冬季旅游的窗口城市，以及冬季旅游的集散地。在产业设置上，根据市场需求，北京应当主要沿着高端精致、夜间经济方向，发展与冰雪相关的高新科技研发、文化创意设计、夜间冰雪旅游、科普教育体验类的产品业态，打造冬季旅游的产业核心圈层。同时，北京应当特别注重发挥 2008 年夏季奥运会的成功经验，注意做好主城区冬奥会场馆的综合利用和活化利用。在冬季旅游方面，充分发挥北京作为"双奥"城市的唯一性，利用消费者的慕名心理，将冬奥会场馆打造成为与鸟巢、水立方等相同的奥运地标，做好北京城区冬奥旅游的深度发掘，进一步发挥其品牌效应。

（2）张家口：明确"核心点"定位，发挥牵引作用。张家口定位为冬季旅游延伸城市，在北京交通辐射圈内建设次一级旅游中心。核心是利用张家口原生态山地、林地等自然资源，同时承接北京非首都功能疏解，根据市场需求沿着休闲度假、赛事节庆方向，发展与冬季旅游相关的主题赛事活动、高端养生度假、健康生活服务、冰雪旅游中心类产品业态。考虑张家口地区面积广大，各旅游地相对分散，可以借鉴欧洲国家相关做法，在冬季旅游场地特别是大型滑雪场等附近，通过打造特色冬奥旅游小镇、大型滑雪旅游度假区等，在张家口作为"核心点"城市内部，加强旅游次一级"点"的建设，最大化发挥冬奥旅游的牵引作用，带动地产、度假、民俗文化等相关产业发展。

4. 北京、张家口冬季旅游公共服务的供给模式

在北京、张家口冬季旅游一体化进程中，公共服务体系具有基础性、全局性、长远性影响，是影响旅游品质的重要软环境。目前京津冀冬季旅游公共服务的协同发展在供给结构、文化特色、地域特色等方面还存在不足（郑治伟和王崇文，2017），这些问题在北京、张家口冬季旅游一体化上也有突出反映。

推动北京、张家口冬季旅游一体化公共服务协同发展，关键在于充分发挥政府公共政策导向、市场、社会各服务部门与冬季旅游消费者的作用，加强公共服务政策协同和统筹供给，进一步激发市场潜力，协调各社会组织、服务部门与冰雪旅游消费者的协同发展。在公共服务层面，最重要的是加强区域旅游联合执法协作、区域交通基础设施建设和区域配套服务建设。

（1）加强区域旅游联合执法协作。安全服务是旅游软环境的重要组成部分，在建立了京津冀冰雪旅游质监执法信息的共享机制下，下一步要尝试探索推动深化北京、张家口两地联合执法模式，推进冰雪旅游管理一体化，深化监管合作。特别是在冬奥会期间和冬奥会后，要特别注重运用一条热线、一站办理等较为成熟的旅游执法服务方式，使执法服务突破传统行政区划限制，避免出现旅游消费与旅游服务、旅游监管分离以及管理方相互推诿等问题，为旅游消费者提供更便利、更高质量的服务体验。

此外，针对当代社会不确定性因素日趋增加的态势，在应对突发事件和做好安全服务保障方面，目前京津冀出台了《京津冀突发事件卫生应急合作协议》，具体到北京、张家口地区，考虑公共交通的通达度，应当进一步健全完善应急事件、突发事件处理合作机制（白长虹和妥艳媜，2014）。

（2）加强区域交通基础设施建设。在资金投入体量大、公益性强等因素的制约下，交通基础设施建设主要由政府主导。在京藏高速

（北京—张家口段）、京张高铁等畅通的基础上，进一步完善基础设施建设，推进京津冀公交一卡通互认互通。特别是结合张家口山地多、旅游点分散等实际情况，畅通基层交通微循环，在重要旅游景点、景区之间加强交通建设，为自驾游打通断头路，提高交通通达度。

（3）加强基础公共服务建设。加强通信、签证、社会信用体系建设、旅游服务标准化体系建设等基础公共服务建设。在 5G 技术建设的推动下，北京、张家口冬季旅游一体化在通信便利方面的质量将得到提升。结合北京两区即国家服务业扩大开放综合示范区和中国（北京）自由贸易试验区建设，推动北京、张家口地区过境免签、自由贸易、退税服务等对外服务措施一体化。特别是伴随冬奥会临近，境内外旅客激增，要在对外服务措施方面进一步提升。同时，积极推进社会组织发育和旅行社、酒店宾馆等行业自律，加强旅行社联盟、旅游景区联盟合作，开展文明旅游宣传，让游客真正感受到北京、张家口虽为两地、实同一体。

5. 北京、张家口冬季旅游一体化发展模式

根据以上分析，本专题对北京、张家口冬季旅游一体化在资源整合开发、产品营销、产业合作和公共服务供给四个方面的模式和对应措施进行了总结与提炼，具体内容如表 6-6 所示。

表 6-6　北京、张家口冬季旅游一体化发展模式

构建维度	模式	具体措施
资源整合开发	政府主导+市场推动的绿色开发模式	建立统一的协调机制； 保障产业要素自由流动； 开发"软性资源"； 建设"点—轴"旅游线路
产品营销	"核心—边缘"形式的系统营销模式	建立整体营销、品牌营销与系统营销的配合； 构建以冬奥为"核心"，以民风民俗等为"边缘"的系统营销

续表

构建维度	模式	具体措施
产业合作	"点—轴"形式的双向对接模式	明确北京"四个中心"定位，发挥夏奥经验，打造冬季旅游的产业核心圈层； 明确张家口"核心点"定位，发挥牵引作用，疏解北京非首都功能
公共服务供给	政策导向+相关领域配合的合作模式	加强区域旅游联合执法协作； 加强区域交通基础设施建设； 加强基础公共服务建设

第七章

发展对策与建议

一、重视和推进冰雪产业的发展

冰雪产业是战略性新兴产业，产业链条长、覆盖面广、与相关产业融合度高，是促进发展方式转变、推进经济结构调整、倡导健康生活方式、带动国内国际双循环的重要驱动力。"带动三亿人参与冰雪运动"的目标实现，将会形成巨大的冰雪消费市场，释放巨大的综合效益，对国民经济持续较快发展具有重要作用。

（一）研究落实"带动三亿人参与冰雪运动"的发展目标和发展战略

以习近平同志提出的"冰天雪地也是金山银山"为指导，充分发挥我国冰雪旅游资源，分析研判现阶段冰雪产业发展基础和短板问题，提出"十四五"时期我国冰雪产业发展的战略目标。围绕发展目标，研究提出中国特色的冰雪产业发展模式和发展路径，努力实现将冰天雪地生态效益转化为经济效益和社会效益，确保实现"带动三亿人参与冰雪运动"的目标。

（二）用好冬奥遗产，打造龙头产品，培育国际品牌

依托北京奥体中心、延庆小海坨、张家口崇礼区等地区的冬奥会比赛场地，发挥冬奥会品牌影响力，集聚冰雪赛事、冰雪运动、冰雪度假、冰雪文化体验、国际会议、节事会展、冰雪活动培训等产业，打造冰雪产业龙头产品，带动全国冰雪产业发展，培育成为与阿尔卑

斯地区比肩的国际冰雪旅游品牌。

（三）研究提出疫情常态化防控下冰雪产业的发展举措

要结合疫情防控形势，根据疫情对冰雪产业和重点企业造成的实际影响，提出系统性的资金补助、金融支持、减税降费等帮扶措施。研究制定冰雪企业恢复发展的行动路线，明确企业自救、产品升级、运营模式创新、营销宣传等实施举措。

二、建立健全冰雪产业发展的推动机制和保障体系

要根据冰雪产业发展需求和发展方向，结合"十四五"时期的发展形势，针对冰雪产业治理的瓶颈，构建推动机制和保障体系。

（一）建立冰雪产业发展长效机制，增强产业持续发展能力

着眼于促进我国冰雪产业高质量发展和高品质冰雪产业体系建设，要结合"十四五"规划编制实施，建立产业发展长效机制。引导建立互帮互促的冰雪旅游行业联盟机制，联合上下游增强产业内在韧性和自身实力；建立市场化资源输入机制，运用商业保险、金融等增强应急和发展的动力；建立区域冰雪旅游合作机制，增强各地冰雪产品线路共建、市场共拓、客源共享的共生活力；建立政企联动机制，利用国家战略意志广泛动员资源，增强外部施救的保障能力。

（二）利用大数据打造产业管理、服务和营销平台，增强产业精准治理能力

通过大数据提高冰雪产业的管理、服务和营销水平，助力政府全面把握冰雪产业发展和客源市场的脉搏，及时发现并解决冰雪产业领域的短板和负面问题，提高供给与市场需求的匹配度，实现冰雪产业领域精准管理、精准服务、精准营销，提升产业的科学治理能力和发展效益。

（三）整合多方力量建立全方位安全管理机制，增强产业的危机应对能力

充分整合冰雪企业、行业管理部门和各类社会机构力量，建立多种信息预警和安全风险提示渠道、突发重大事件的应急预案、全方位安全保障机制、多方面风险管控措施和专业化救援体系，提升冰雪产业风险防范和应急救援能力。

三、优化全国冰雪产业发展布局

以冰雪资源空间分布为基础，结合冰雪产业发展现状，按照分类指导、分区推进、重点突破的原则，全面推进跨区域冰雪资源要素整合，加快冰雪产业集聚发展，构筑新型冰雪产业功能区，谋划冰雪产业发展新格局，缓解区域间发展不协调不平衡的问题。

（一）完善冰雪产业链条，提升产业附加值

挖掘和整合利用冰雪资源，充分利用旅游、体育、休闲、节庆、赛事、培训、装备制造等多种业态，大力发展"冰雪+"产业，促进冰雪产业与相关产业深度融合，联动上下游，构建完善冰雪产业链条，提升产业整体的附加值。

（二）加快冰雪运动普及、人才培养和研发体系建设，增强产业内生发展能力

推进冰雪运动进校园，加快冰雪运动在全国中小学的教育普及，将冰雪运动知识纳入学校体育课教学内容，制定并实施冰雪运动教学计划，积极引导学校、企业、社会组织共同参与冰雪运动后备人才队伍建设，形成冰雪产业人才多元化培养模式。设立中国冰雪经济研究院，作为指导我国冰雪产业发展的顶层智库机构。

（三）释放和引导国民冰雪消费

立足国内大循环，从营造良好的营商环境、引导冰雪产业市场化发展、培育多元化市场主体、鼓励市场主体创新发展、出台市场激励奖励优惠政策等方面，研究制定释放和引导国民冰雪消费的具体措施。

参考文献

［1］ Dawson J, Scott D. Managing for Climate Change in the Alpine Ski Sector ［J］. Tourism Management, 2013, 35 （Apr. ）: 244-254.

［2］ Eitzinger C, Wiedemann P. Risk Perceptions in the Alpine Tourist Destination Tyrol—An Exploratory Analysis of Residents' Views ［J］. Tourism Management, 2007, 28 （3）: 911-916.

［3］ Faullant R, Matzler K, Füller J, et al. The Impact of Satisfaction and Image on Loyalty: The Case of Alpine Ski Resorts ［J］. Journal of Service Theory & Practice, 2008, 18 （2）: 163-178.

［4］ Hudson S, Shephard G. Measuring Service Quality at Tourist Destinations: An Application of Importance-Performance Analysis to an Alpine Ski Resort ［J］. Journal of Travel & Tourism Marketing, 1998, 7 （3）: 61-77.

［5］ Konu H, Laukkanen T, Komppula R. Using Ski Destination Choice Criteria to Segment Finnish Ski Resort Customers ［J］. Tourism Management, 2011, 32 （5）: 1096-1105.

［6］ Kubota H, Shimano K. Effects of Ski Resort Management on Vegetation ［J］. Landscape & Ecological Engineering, 2010, 6 （1）: 61-74.

［7］ Matzler K, Füller J, Faullant R. Customer Satisfaction and Loyalty to Alpine Ski Resorts: The Moderating Effect of Lifestyle, Spending and Customers' Skiing Skills ［J］. International Journal of Tourism Research, 2007, 9 （6）: 409-421.

［8］ Mark D. Needham, Christopher M. Little. Voluntary Environmental

Programs at an Alpine Ski Area: Visitor Perceptions, Attachment, Value Orientations, and Specialization [J]. Tourism Management, 2013, 35: 70-81.

[9] Nordin S, Svensson B. Innovative Destination Governance: The Swedish Ski Resort of Re [J]. International Journal of Entrepreneurship & Innovation, 2007, 8 (1): 53-66.

[10] Pullman M E, Thompson G M. Evaluating Capacity-and Demand-Management Decisions at a Ski Resort [J]. Cornell Hotel & Restaurant Administration Quarterly, 2002, 43 (6): 25-36.

[11] Riegler B, Wittmer A. Differences of Ski Destination Choice Criteria for Day and Overnight Visitors [J]. New Golden Age of Tourism & Hospitality, 2012, 2: 758.

[12] Scott D, Mcboyle G, Minogue A, et al. Climate Change and the Sustainability of Ski-Based Tourism in Eastern North America: A Reassessment [J]. Journal of Sustainable Tourism, 2006, 14 (4): 376-398.

[13] Steiger R, Scott D, Abegg B, et al. A Critical Review of Climate Change Risk for Ski Tourism [J]. Current Issues in Tourism, 2019, 22 (11-15): 1343-1379.

[14] Steiger R, Scott D. Ski Tourism in a Warmer World: Increased Adaptation and Regional Economic Impacts in Austria [J]. Tourism Management, 2020, 77, Article 104032.

[15] Walters G, Golubvoskaya M. All-Year-Round Tourism in Alpine Ski Resorts: The Australian Ski Industry's Response to Climate Change [J]. United Nations World Tourism Organization (UNWTO), 2014 (13): 145-152.

[16] Weiss, Otmar, Norden, et al. Ski Tourism and Environmental Problems [J]. International Review for the Sociology of Sport, 1998, 33 (4): 367-379.

[17] Yang J, Wan C. Progress in Research on the Impacts of Global Climate Change on Winter Ski Tourism [J]. Advances in Climate Change Re-

search，2010，1（2）：55-62.

　　［18］2020 年北京市旅游业行业数据统计：北京旅游业或在 2021 年迎来恢复性增长 ［EB/OL］. ［2021-03-21］. https：//www.chyxx.com/industry/202103/939766.html.

　　［19］白长虹，妥艳娵.京津冀旅游一体化中的理论与实践问题——多中心治理理论的视角 ［J］.旅游学刊，2014，29（11）：16-19.

　　［20］北京市旅游发展委员会.京津冀旅游协同发展初步实现"四个一体化"［J］.前线，2017（10）：73-75.

　　［21］姬烨，汪涌，王梦.冰雪晶莹　点亮梦想——北京冬奥会、冬残奥会吉祥物诞生记 ［J］.工会博览，2019（29）：39-41.

　　［22］曹上云.黑龙江省冰雪文化产业集群的培育与发展 ［J］.黑龙江社会科学，2009（1）：113-115.

　　［23］柴寿升，付艳慧，郭晶.旅游目的地竞争力构成要素分析——以滑雪旅游为例 ［J］.中国海洋大学学报（社会科学版），2009（3）：61-64.

　　［24］沈伟斌.京张冬奥会背景下京津冀地区大众滑雪运动发展研究 ［J］.河北科技大学学报（社会科学版），2017，17（1）：24-30.

　　［25］陈思宇.京津冀冰雪旅游生态化发展的框架构建与路径选择 ［J］.北京体育大学学报，2018，41（10）：32-38.

　　［26］崔焱.北京冬奥会对居民冰雪体育旅游消费需求与行为影响研究 ［D］.北京：首都体育学院，2019.

　　［27］丁正山，孙艳，吉嫱.区域旅游空间功能区划的理论研究 ［J］.南京师大学报（自然科学版），2012，35（4）：123-128.

　　［28］杜洁莉.交通与区域旅游空间结构——文献评述与成果启示 ［J］.武汉理工大学学报（交通科学与工程版），2020，44（3）：480-485.

　　［29］杜庆臻，孙嘉驹，张鹏.论发展黑龙江省特色滑雪旅游业的主导产品 ［J］.黑龙江社会科学，1998（6）：50-51.

　　［30］杜庆臻.黑龙江省滑雪旅游开发构想 ［J］.学习与探索，1999（4）：22-28.

［31］段小平．借势冬奥加快河北省冰雪旅游发展的对策建议［J］．经济论坛，2018，581（12）：19-22，155．

［32］顾兴全．基于资源观点（RBV）的体育旅游开发研究——以浙江安吉江南天池滑雪旅游开发为例［J］．北京体育大学学报，2011，34（3）：42-44．

［33］关秋红．大型赛事跨区域合作模式研究［D］．北京：北京第二外国语学院，2019．

［34］郭妍菲，李晓东．新疆冰雪旅游发展的 SWOT 分析及开发策略研究［J］．干旱区资源与环境，2009，23（6）：187-191．

［35］韩国纲，张守信．基于"钻石模型"的黑龙江省滑雪旅游产业竞争力研究［J］．冰雪运动，2013，35（5）：73-76，80．

［36］韩杰，韩丁．对我国滑雪旅游若干问题的研讨［J］．经济地理，2001（4）：500-503．

［37］韩杰，韩丁．中外滑雪旅游的比较研究［J］．人文地理，2001（3）：26-30．

［38］何胜保．北京冬奥会张家口赛区冰雪旅游开发的昂普（RMP）模型分析［J］．山东体育学院学报，2020，36（5）：37-46．

［39］金准．冬奥会带来的旅游业高质量发展契机——以 1972 年札幌冬奥会为例［J］．旅游学刊，2020，35（4）：3-5．

［40］柯营营，徐克帅，林明水．基于扎根理论的滑雪旅游体验评价［J］．资源开发与市场，2019，35（7）：979-985．

［41］李玉新，高学民．我国滑雪旅游产业发展战略分析［J］．体育文化导刊，2010（2）：57-59．

［42］李在军．冰雪产业与旅游产业融合发展的动力机制与实现路径探析［J］．中国体育科技，2019，55（7）：56-62．

［43］林志刚，李杉杉，吴玲敏．2022 年北京冬奥会推动京津冀冰雪旅游公共服务协同发展策略研究［J/OL］．中国体育科技：1-9［2021-02-25］．https://doi.org/10.16470/j.cstt.2019074．

［44］刘传瀛，黄季夏，王利，等．俄罗斯滑雪场空间格局及可达性
［J］．资源科学，2021，43（1）：197-208.

［45］刘春玲，陈嘉琪．滑雪旅游目的地游客社会及行为特征分
析——以崇礼为例［J］．石家庄学院学报，2017，19（3）：90-95.

［46］刘云龙，董继．太原市滑雪游客参与滑雪运动感知度分析［J］.
山西大同大学学报（自然科学版），2013，29（2）：87-90.

［47］陆亨伯，曹欢欢，张腾．大型公共体育场馆市场化运营模式研
究——基于典型案例的分析［C］.2011 第九届全国体育科学大会论文摘要
汇编，2011.

［48］陆军，孙忠伟．新疆冰雪旅游开发现状及发展对策［J］.体育学
刊，2010，17（7）：122-124.

［49］路璐，刘春玲，刘琳．滑雪游客感知价值、满意度与行为意向
的关系——以崇礼密苑云顶滑雪场为例［J］.干旱区资源与环境，2018，
32（5）：202-208.

［50］梅林，杨青山．哈尔滨市寒地旅游资源开发利用构想［J］.经济
地理，2000（3）：121-124.

［51］孟爱云．东北区域冰雪旅游资源整合开发探讨［J］.学术交流，
2009（3）：115-119.

［52］2019 年北京市接待旅游总人数 3.22 亿人次［EB/OL］.［2021-
01-25］.http：//bj. people. com. cn/n2/2020/0303/c233080-33846163. html.

［53］北京滑雪人次高居全国第一［EB/OL］.［2020-12-30］.http：//
sports. people. com. cn/n1/2017/0217/c408081-29087305. html.

［54］任婷婷．服务营销视角下山西冰雪体育旅游现状及提升路径
［J］.体育文化导刊，2020（4）：85-90.

［55］孙东喜．滑雪旅游动机问题研究［J］.现代国企研究，2015
（24）：185，187.

［56］唐绒．山地滑雪旅游者畅爽体验、积极情绪与游客忠诚研究
［D］.长沙：湖南师范大学，2016.

［57］王民，陈传康．黑龙江省滑雪旅游资源的开发与利用［J］．经济地理，1997（1）：100-102.

［58］王世金，徐新武，颉佳．中国滑雪场空间格局、形成机制及其结构优化［J］．经济地理，2019，39（9）：222-231.

［59］温华欣．滑雪游客感知价值与重游关系分析［D］．哈尔滨：黑龙江大学，2016.

［60］吴玲敏，任保国，和立新，等．北京冬奥会推动京津冀冰雪旅游发展效应及协同推进策略研究［J］．北京体育大学学报，2019，42（1）：50-59.

［61］吴伟伟，张春艳，郝生宾．冰雪旅游资源的价值构成与体系构建研究［J］．技术经济与管理研究，2010（4）：152-156.

［62］邢建宇．冬奥会发展历史及未来展望研究［D］．北京：首都体育学院，2017.

［63］杨润田，徐腾达．冬奥会背景下崇礼滑雪旅游产业的发展规模——基于经济预测的视角［J］．沈阳体育学院学报，2019，38（6）：1-7.

［64］元利兴．冬奥会与京津冀协同发展［J］．前线，2019（1）：65-67.

［65］张德成．黑龙江滑雪旅游的现状及发展态势［J］．旅游学刊，1998（5）：48-50.

［66］张雪莹，张正勇，刘琳．新疆冰雪旅游资源适宜性评价研究［J］．地球信息科学学报，2018，20（11）：1604-1612.

［67］赵继敏．2022冬奥会北京—张家口城市形象传播策略［J］．青年记者，2019，631（11）：77-78.

［68］赵子祺，崔佳琦，邢金明．全域旅游视域下冰雪运动休闲特色小镇开发研究［J］．体育文化导刊，2020（5）：92-97.

［69］郑治伟，王崇文．"全域旅游"视阈下的京津冀旅游公共服务发展研究［J］．改革与战略，2017（33）：112.

［70］2019 年中国冰雪旅游行业市场前景研究报告［EB/OL］. 2019,
https：//baijiahao. baidu. com/s?id＝1623264234126484679&wfr＝spider&for＝pc.

［71］邹克瑾. 基于冰雪文化的吉林省旅游衍生品设计开发［J］. 税务
与经济，2020（5）：109-112.